守望幸福

走向深度学习的
教育主张与实践策略

朱 琦 / 著

中国出版集团　现代出版社

图书在版编目(CIP)数据

守望幸福：走向深度学习的教育主张与实践策略 /
朱琦著. — 北京：现代出版社，2020.7

ISBN 978-7-5143-8739-1

Ⅰ.①守… Ⅱ.①朱… Ⅲ.①中学教育—教学研究
Ⅳ.①G632.0

中国版本图书馆CIP数据核字（2020）第123019号

守望幸福：走向深度学习的教育主张与实践策略

作　　者　朱　琦
责任编辑　袁　涛
出版发行　现代出版社
地　　址　北京市安定门外安华里504号
邮政编码　100011
电　　话　010-64267325　64245264
网　　址　www.1980xd.com
电子邮箱　xiandai@cnpitc.com.cn
印　　制　北京政采印刷服务有限公司
开　　本　710mm×1000mm　1/16
印　　张　14.5
字　　数　261千
版　　次　2022年6月第1版　　2022年6月第1次印刷
书　　号　ISBN 978-7-5143-8739-1
定　　价　45.00元

序 言
PREFACE

幸福教育的守望者

　　《守望幸福：走向深度学习的教育主张与实践策略》是一本凝结了珠海市第八中学朱琦校长20多年教育智慧的实践性著作。她自小在钟灵毓秀的江西春城长大，红色温润的土壤培育了她细腻而不失坚韧的教育者的特有气质。在珠海这片改革开放的热土上，她用青春和爱播撒教育智慧的种子，破土扎根，发芽吐绿，屡历风雨，步履不停，终于开花结果。本书从新时代教育使命出发，提出鲜明的教育主张和对应的教学策略。

　　朱琦老师是和美教育的实践者。她深知"学为人师，行为世范"赋予教师的责任与担当。历经多所学校多个领导岗位的锻炼，却始终耕耘在教学一线。她一直认为课堂才是真正发生教育的地方。她深知学校管理不仅要靠制度的约束和鞭策，更要靠文化的认同和自觉。担任校长后，她强化学校"和美"文化核心理念，将其作为学校发展的文化内核与精神引领；坚持将"有温度的教育"理念贯穿学校管理始终，构筑温暖的精神家园；激发教师活力，打造了一支"舍得吃苦，勇于担当，为而不争，追求卓越"的具有新时代特征的教师队伍。

　　朱琦老师也是有效教学的传播者。有效教学具有培养高阶思维能力、注重学习过程的建构反思、立足于真实问题的解决、强化情感驱动的非认知学习等基本特征。有效的课堂是落实立德树人根本任务的智慧之旅，有效的学习不是让学生获得一堆零散、呆板、无用的知识，而是让学生能够积极、充分、灵活地运用知识去理解世界、解决问题，并获得人格健全的精神成长，成为新时代的社会主义建设者和接班人。在《守望幸福：走向深度学习的教育主张与实践策略》一书中，开展的有效教学实践既有她的个人思考，也有集体智慧，有效教学是她对德育、教学、科研、教师发展等工作的总结和深度反思，也是对未来工作发展的期盼，更是她对美好教育生态的守望与承诺。

朱琦老师还是深度学习的推动者。"纸上得来终觉浅，绝知此事要躬行。"她认为知识都来自对大自然的探索和实践，坚持带领孩子们开展研究性学习，通过有目的、有步骤的课题研究，发现或验证科学结论，拓展书本知识，思考并解决身边的生物实践问题。"日光之下，并无新事。"深度学习不是教育领域的新东西，而是呼唤课堂回归教学原本应该有的样子。甚至可以说，深度学习就是指"真"的教学，是对以往一切优秀教学精华的概括。《守望幸福：走向深度学习的教育主张与实践策略》一书通过实践案例，分享她在实现立德树人这一根本任务的前提下，如何培养和发展学生的核心素养，促进学生全面发展的教育经验。

朱琦老师更是幸福教育的守望者。充满幸福感的教师是能将自我角色与教师角色完美融合的教育守望者。她的教学极具个人风格，又不乏教育的端庄。她始终以调动学生兴趣为教育契机，引导孩子成长，充分发掘孩子的潜能。这些年，她与孩子们一起走遍珠海各个区域——海岛、工厂、养殖基地和绿道等，亲近和拥抱大自然，将枯燥的生物课程变得鲜活而具有生命张力，孩子们充分体验了生命现象的奇妙和美丽，激发了学习的主动性，提升了创新精神和实践能力。在编织自己教育理想的同时，她也时刻享受为人师表的种种快乐，引领区内外一大批生物教师在专业发展的道路上不断前进，特别是在学生学习方法指导与学习能力的培养上，"激情燃烧的东澳岛""我和蘑菇有个约会"等多个课例作为经典被业内同行称赞和肯定。她带领工作室成员开展实验创新研究，合著《初中生物实验设计与思考》深受广大师生欢迎。

幸福教育之路任重而道远，朱琦老师一直守望着这块教育麦田，不负韶华，砥砺前行……

守望，是一种期待，需要永久恒持；

守望，是一份痴心，需要共同憧憬；

守望，是一种态度，需要彼此凝神；

守望，是一份担当，需要你我胆魄。

熊志权（珠海市教育研究中心）

2020年3月28日

目 录
CONTENTS

扎根：

执着梦想，热爱专业

因为热爱而选择，因为梦想而坚守。

30年中，有同行者不甘于教师的平凡，早已悄悄放弃；还有同行者视教师为谋生的方式，最终在懈怠中迷失；更有同行者视荣誉与功利为前进的动力，偏离了教育的初心；而我，将教育视为终生追求，始终以教师身份为骄傲，深知执着理想、专注教学专业，方能根深叶茂。

幸福是人类的永恒追寻，于我而言也不例外。教师所带来的幸福，是扎根三尺讲台的不竭动力和精神支柱。

深度学习提升素养

2005年初夏，我第一次组织全班同学到珠海市东澳岛开展研究性学习，从此组织研学活动就成了教学风格中一抹最亮丽的色彩……

在教师引领下，学生围绕具有挑战性的学习主题，全身心积极参与，体验成功，获得发展的有意义的学习过程，我们定义为"深度学习"。以书本知识为基础，充分利用珠海地方性生物课程资源，带领孩子们走出教室，到大自然中，从社会实践中汲取更丰富的知识，我期待在深度学习过程中不断提高学生的生物学科素养。

新课改指出，要充分发挥学生的主动性，"学生的发展才是硬道理"。我的教育理念遵循"以人为本"原则，教学过程以教师为主导、学生为主体，始终将调动学生学习的积极性和主动性作为切入点。在教学过程中，充分尊重、相信、依靠学生，创建充满平等、激情和具有创新精神的课堂。

我的教育理念和教学实践

一、充满尊重的课堂

1. 良师益友的师生关系

每次接手一批新学生，我的"见面礼"总会给同学们带来惊喜。第一节课是以介绍"我"开场，分享老师的兴趣爱好、家庭、教学经历和优秀活动案例；总结学生们上阶段学习的情况，表彰优秀，鼓励进步，提出新学期的学习要求和目标；给生物科代表和负责多媒体设备管理的学生送上一份小礼物。甜美的糖果、精致的礼品、贴心的话语、层进式的学习目标，都激励和温暖着学生们。此刻，我的身份仅仅是一名温和兼具原则的科任教师。每次出差，都惦记着给学生们捎点特产，分享外出学习的收获与心得。

图1　朱琦老师上全区公开课

　　课堂上，注重调整教学节奏。亲切的口吻、对细节的提示、鼓励的话语，让我们的课堂始终保持轻松、愉悦的气氛。偶尔班级出现不良行为时，我也可以切换成班主任角色，对不和谐声音提出批评和中肯的建议。

2. 互帮互助的生生关系

　　班级推荐的科代表是老师的代言人，课前他会组织同学们自觉开展阅读。根据"学习金字塔"原理，针对本学科不同学生的学习情况，采取小组成员合作互助的学习形式开展学习。班级推选8位小组长，组长和组员进行双向选择。"不放弃每一位同学"，在学习各环节中组内同学都相互监督、相互帮助，取长补短、共同发展。学期中和期末，我们评选出班级优秀和进步小组，形成正向的学习氛围。通过小组互助形式，新接手班级学生在短期内的学业成绩都有所提升。2018年，我所任教的初二（1）班平均分从上年的倒数第一名进步到正数第一名。学校颁发了教学质量"卓越奖"，这是对我最大的鼓励与肯定。

3. 相互信赖的家校关系

　　学生学习和持久发展的状态，与原生家庭有着密不可分的关系。构建家校间信赖、依存的伙伴关系，才能营造有效的共育圈。为了让家长更加关注孩子的健康成长，配合学校开展教学工作，我主动搭建沟通的桥梁，及时加入班级联络群，向家长们汇报孩子们的思想动态、课堂纪律、作业完成情况，分享学习计划表、会考信息，鼓励家长们并提出沟通的合理化建议。

二、充满激情的课堂

1. 内容新颖有趣

科技飞速发展，新生事物层出不穷，创新技术正不断改变人们的生活方式和思想观念。自然科学是创新的落脚点，让新思考、新发现、新事物及时整合到课堂教学中，让学习内容与时俱进，永葆"新鲜"和"热度"，是优秀教师应该具备的教学素养与品质。

2. 形式丰富多样

生物核心素养是公民基本素养的重要组成部分之一，是学生解决真实情境中生物学问题所表现出来的必备品格和关键能力。主要包括生命观念、理性思维、科学探究和社会责任等。

2012—2018年，作为香洲区第一届、第二届中学生物名师工作室主持人，我利用工作室平台，带领成员开展"珠海地方性课程资源与生物教学的融合""初中生物实验教学的改进实践研究"等课题研究。提出教学素材要接地气，提倡教师充分挖掘地方性课程资源，课堂教学与生活实践相联系，做"真"教学。

"纸上得来终觉浅，绝知此事要躬行。"首先，提倡学生从自己的生活实践中找寻学习素材：叠纸飞机试飞比赛，辨认身边不同的动植物种类，家里酿制米酒、做泡菜、做面包等；其次，先后组织学生们深入养鸡场、兰花培育基地、啤酒厂、金针菇生产基地、海岛、绿道、动植物检验检疫局、拱北口岸等地，开展社会考察活动。学习与生产、生活紧密结合，让学生在学习过程中有话要说，有故事可讲，有问题可问。知识源于生活，让实践教育成为学习的助推力。

3. 评价正面持久

随身工作包里有三件宝：红笔、U盘、糖果。及时批改作业，让孩子们养成"今日事今日毕"的学习习惯，红笔是教师与学生沟通交流的桥梁之一。学校网络全覆盖，电脑网络存有上课资源，常备U盘是备意外之需。经常补充更新的糖果，是作为礼物奖励给学生们的。有效的提问、及时的评价、持久的鼓励，让学生们在课堂上保持良好的精神状态。"不放弃每一位学生"，特别是不放弃对学困生的关注，从树立学习信心开始。采用渐进式有梯度的课堂提问方法，从基础知识、重难点内容到课外拓展题，每位学生的课堂表现都可能是"一匹黑马"。

图2 朱琦老师带领学生观察蕨类植物

三、充满创新的课堂

1. 创新从我做起

实验是学习生物学的基本方法，实验教学是初中生物学科教学的重要组成部分，在课程教学中具有重要作用。新课程改革要求培养学生的实践能力和创新能力，更决定了实验的地位和作用。珠海初中生物学科采用北师大版教材，教材中实验教学设计兼顾不了不同地域在环境状况、办学条件等因素上存在的差异性。教师在组织学生开展实验时，因实验材料、实验成本、气候条件等因素的制约，开展实验教学一直是个难题。

针对一线教师在实验开展中遇到的困难，我们开展了"初中生物实验教学的改进实践研究"课题研究，使改进后的实验更具有效性、趣味性、简便性和地域性特点。合著《初中生物实验设计与思考》及录制实验改进微课集，给师生提供实验改进案例，如用黄粉虫、草履虫替代南方地区少见的鼠妇（俗称"潮虫"），用珠海常见的紫荆花或羊蹄甲代替桃花作为实验材料等。2018年，利用课余时间跟踪拍摄金丝蚕50天的生命历程制作成《金丝蚕的一生》微课，受到师生们的喜爱。

2. 创新从娃娃抓起

课堂固然是师生教学的主阵地，但不能只局限于书本教学和课内体验。挑选不同主题的研学内容，有效组织学生开展深度学习。"激情燃烧的东澳岛"——孩子们调查海岛的生物资源、环境问题、旅游资源；"麻黄鸡的一生"——同学们了解鸡从卵孵化、稚鸡、成鸡到受精、饲料加工的"一条龙"过程；"兰花的组织培养"——从陌生的书本概念到兰花培育的整个过程，再到年花市场上的惊艳亮相；"珠海外来物种入侵"——同学们采集薇甘菊、水葫芦、五爪金龙、红火蚁，并制作成标本；等等。

图3 朱琦老师带领同学们参观兰花培育基地

活动从提出问题开始，学生们历经组建学习小组、查阅资料、实地考察、素材收集、汇报成果、成果汇编、参加科创大赛等学习环节，对每一段学习历程的开启，师生都充满期待。在老师的引领下，学生们主动参与，积极思考，敢于实践。

在深度学习过程中，学生掌握学科的核心知识，理解学习的过程，把握学科的本质及思想方法，形成积极的内在学习动机和学习态度、高级的社会情感、正确的价值观，成为既具有独立性、批判性、创造性，又具有合作精神、基础扎实的优秀的学习者。

我的教育主张

古希腊哲学家柏拉图提出："理想国度的实现有赖于实施良好的教育，教育的任务不是向灵魂灌输知识，而是促使灵魂转向美好。"

苏联教育家苏霍姆林斯基提出："培养美好品质和情感是学校教育的基本任务，要培养孩子们对美好事物生生不息的向往。"

在珠海八中高大的玉兰树旁，矗立着两块硕大的黄蜡石，上面分别铭刻着"和""美"二字。"和"：中国汉字，和谐、和而不同、和为贵、和平。它是中国社会学和美学，特别是中国哲学的重要范畴。"美"：会意字，字义有好事、赞美、喜欢、精美等。八中的文化核心就是"和美"教育。和衷共济，和而不同；各美其美，美美与共。希望学校能形成和谐、美好、进取、多元的文化育人氛围。

一、将尊重人的天性作为教育的起点，营造"真"课堂

初中教育面对的是一群未成年的孩子，教育工作者不管是在育心还是育学上，都应当充分考虑他们的年龄特点，应当用俯身的姿态去思考教育的方式方法，允许孩子犯错，给孩子提供慢成长的机会和空间。

世界上没有完全相同的两个人。人与人之间存在着个体差异，教育就应该承认这种差别，思考用不同的方法对待不同的个体，最终达到促进"独特"发展的可能性和必要性。

尊重孩子的天性，将我们的课堂打造成充满趣味、挑战、新鲜感的模样，成为吸引孩子们的学习乐园。尊重孩子的差异性，静待每一朵花花期的到来，给孩子比自己过去进步的机会，才能让我们看到姹紫嫣红春满园的美好境界。

二、将培育人性作为教育的核心，关注品德修养

教育的真正灵魂是守护人性。教育的终极目标是培养对社会有贡献，对家庭有担当，身心健康且内心安宁的人。学校的教育以德为先，学校教育的指向尤其重要。立德树人，作为教育者更不能唯分数论，不能片面关注升学名次而忽略对学生品德的培养和人格的塑造。

教师的一言一行都应当是学生的表率。教师不仅是知识的传授者，更应成为良好品质的传播者，中华民族优秀传统文化的继承者和传承者。

三、将培养生活能力作为教育的基石，形成开放性课堂

知识如果没有转化为能力，那么它永远是没有生命力的。生物学科是一门

生命科学，它应当有区别于其他学科的特质，如自然性、生命性、社会性等特点。我们的课堂应当更加开放，给学生更多动手实践和体验的机会。作为生物教师，应当在课堂教学与课外实践之间寻找平衡点，为学生的终身发展奠基。

主张加强劳动教育，创建学校劳动基地"耕园"。师生们有机会在田间地头培植蔬菜、瓜果和中药植物，增强劳动体验，提高师生的劳动素质。

我的教学体验

如果，用快乐和幸福来表白成功，我想我是成功的。

如果，用荣誉证书的厚度来衡量成功，我想我是成功的。

如果，用与师生友好关系来定义成功，我想我也是成功的。

时光荏苒，27年悄然流逝。从默默无闻的团委干部到如今主管学校工作的校长，我的教育初心始终没变，"天道酬勤"是我的座右铭。

图4　朱琦老师与学生们欢度教师节

一勤：腿勤

不管身处什么岗位，多干事，少说话，为人谦和低调，是做人做事的态度和风范。多年来，我总是早到校、晚下班。清晨在校门口迎接师生进校，随后在校园里巡视，发现并及时解决问题。每天将工作任务都写在告示栏内，完成一项划去一项，目标清晰，行动高效；下班前，梳理头绪，回顾当天目标的达成情况，提醒明天新的工作任务；回到家，腾出时间锻炼身体，保证有充足的精力和良好的心态面对第二天的工作。

二勤：嘴勤

"众人拾柴火焰高"，肯定和重视团队的力量。有效的沟通和交流是我们需要具备的能力。与科组老师交流，让专业快速提高；与各部门同事交流，合作才能共赢；与领导交流，站在巨人的肩膀上高效工作；与学生交流，让课堂充满友爱的氛围；与家长交流，家校联合的伙伴关系让育人更具实效性；与家人交流，理解体谅才能让事业走得更远。

三勤：脑勤

工作进入瓶颈期后容易失去前进的目标、动力和进取心，僵化或固化的思维让人感到没有生机和活力，学术专用词形容为"职业倦怠"。让自己保持对未知世界的好奇和探索精神，乐于接受新生事物，勤于观察和思考，敢于尝试和创新，逐步形成自己的教学风格。每次精心策划完成的公开课，都给同行们带来耳目一新的感觉，得到大家的肯定。

每年给自己设定小目标：或撰写论文、案例，或组织学生参加比赛，或准备主题讲座，或开设课题研究。将自己的兴趣爱好融入工作中，如用手机拍摄照片和视频，作为素材充实教学内容，课堂教学更加直观生动。

四勤：心勤

待人真诚、善良、讲信用，处事能有同理心，能够站在他人的立场上思考问题。和同事交往，工作主动分担多一些；和学生交往，细致包容多一些；与家长交往，理解耐心多一些；与家人相处，豁达体谅多一些。营造"和美"的氛围，工作和生活才可能顺心顺利。

生命的阳光不生锈

因为这个人的存在而信任这个世界，这是教育关系最内在的成就。

——马丁·布伯

面对"敬业"命题，陷入深深的思考。打开笔记本电脑，我翻阅起过往的笔墨痕迹……

林林总总，名目繁杂。搜寻容量庞大的文字、图片和视频，令人心潮澎湃，思绪万千。感叹岁月如梭之时，又喜悦于自己简单却不失精彩的为师成长之路！翻开每一段封尘的记忆，开启每一段心路历程，都值得深深的回味和留恋。

岁月如梭，时光悄然流逝。经历多所学校、多任校长，身边的师生换过一茬又一茬。初上讲台时每句话都工整地写在教案中，公开课的课件因不会使用电脑而请人代劳，晚上备课是工作常态，假期带着孩子返校加班是段难忘的经历，被误解委屈难过。身累，心更累！失败的懊恼，突发事件后的茫然无措，与家长、熊孩子们打"攻坚战"时的憔悴，这些都成为岁月的点滴驻笔，为师成长故事里写下的文字。

"激情燃烧的岁月！"然而，失败也好，成功也罢，不管前进过程中遇到多大的困难，初心不改，坚持自己的教育理想和"天道酬勤"的处世格言。前进目标未变，方向未变，步伐未变，激情未变，体现在每段故事中，沉淀在每段历史里。

此刻驻足回望，对"敬业"一词的理解，是在成长的过程中不断修正，不断完善。不是努力、勤奋就是"敬业"，它必须遵循教育真谛：尊重、相信、依靠学生。

"你听明白了吗？"

这是上课时最喜欢说的一句话。讲了很多年，习惯成自然。

保送读师范，是我自己的选择，圆儿时的教师梦。没有家庭背景，面试找到了好学校后参加工作，倍感幸运并珍惜。

师傅领进门，修行在个人。开启漫长的职业道路，每天都过得充实，也非常认真。在我的教育词典里，秉承家庭一直以来的处世原则"善良、真诚、感恩"。所在的学校是重点还是普通，学生入学水平高低与否，我都不看重。自认为只要努力工作，哪个岗位都可以成就精彩，学生进步了就是成功。尊重每一名学生，平等并真诚地关爱学生，俯下身和他们交朋友，以真情、真心教育影响学生成长，成为他们的指导者和引路人。针对学生不同年龄阶段心理特点，在学校团委工作时，主要推进主题化、序列化的教育活动，培养"自尊、自信、自爱、自律、自强"的"五自"能力学生，我因学生们的健康成长而感到快乐。

大学培养的技能与实际工作岗位的需求有很大差距，作为"新兵"，一刻不敢怠慢。备课——听课、查阅资料、写教案；监控学习状态——批改作业、讲评、考试、分析成绩；沟通——会学生、约见家长、找班主任。设备简单，没有电脑，没有网络。从前的日子很慢，每件事都记忆深刻。

我们的教学工作进度完成没有？这个难点学生听明白没有？学生上课纪律如何？学生作业都交了吗？所教班级考试成绩排名如何？成绩拖后腿的学生，要找他们好好谈谈！

"听明白了吗？"潜台词是：学生不会，没听懂？可能是智力跟不上，上课没有专心听讲，布置的作业没有认真完成。狭隘的教育理念和方式，让我只关注"我的教学""我的精彩"。学生要听明白，成绩要进步，就必须更加努力。在教学过程中，忽略学生的个性，无视学生问题的生成。

这样的日子过了很多年，一切都平静、平淡，似乎理所当然。

努力工作，学生取得进步，因此我获得了荣誉。但每想到"敬业"一词，总觉得缺少点什么……

"我讲清楚了吗？"

在新课改泛起层层涟漪的时候，我这只"小船"也开始颠簸和徘徊，不断地学习和反思。新课改指出，要充分发挥学生的主动性，"学生发展才是硬道理"。教育理念提出要"以人为本"，教师为主导，学生为主体，学习过程要将学生放在重要的位置。

我的课堂也悄然发生着改变。放弃"填鸭式"，放下"一言堂"，老师不再是权威，而是课堂的启发者和配角。

"兴趣是最好的老师。"利用身边的课程资源，带领学生开展研学活动，培养学生学科兴趣，从生活实践中拉近与知识的距离，使书本上的知识鲜活起来，学习过程不再枯燥无味。我体会到学生们在学习过程中的愉悦，哪怕是"潜能生"，他们也在研学活动中发挥着举足轻重的作用，体现着他们的价值。有很多学困生找到了学习兴趣点，感受到理解、信任与尊重，学习状态得到了调整，成绩都有明显的进步和提高。

分明还记得"激情燃烧的东澳岛"研学活动，学生的活动照片、学生制作的动植物标本、学生自制的课件……每一件作品都弥足珍贵，活动结束后都带回家中珍藏。

分明还记得"我和蘑菇有个约会"研学活动，学生培养的蘑菇、学生参观蘑菇培植基地、学生撰写的论文……每一段记忆都令人陶醉，回味无穷！

分明……

我想留给学生无数的快乐、幸福的学习记忆。"我讲清楚了吗？"换了主语，以尊重学生为先。你不懂，可能是为师讲得不够清楚，我们可以重来一次。

成长中逐渐领悟，"敬业"不仅仅是老师要勤奋工作、行为世范，"真"教育的前提是：以学生为本，尊重学生，相信学生。一位好教师，需要坚持学习，钻研并提高业务水平；坚持教学相长，践行教育创新理念；从理论中来，到实践中去，崇尚严谨治学精神。

阳光灿烂，碧空如洗。国旗下，师生们正激情吟诵着社会主义核心价值观，神圣而庄严："富强、民主、文明、和谐，自由、平等、公正、法治，爱国、敬业、诚信、友善。"这是我们教育的核心，也是我们教育的目标，更是每一位教育人的使命和担当。

生命的阳光不生锈！展凌云壮志，搏万里碧空。

校长更是暖心人

我的良师益友

如果说名师工作室是"培养优秀教师的温床"，我更想说，青年教师的成长离不开朱琦校长这位恩师伯乐。她绞尽脑汁，为我们创造了许多难得的外出学习、拓展的机会；她不断鼓励我们，推动我们积极参与省、市、区公开课、实验技能比赛和现代信息技术的开发应用；她将教学和课题相结合，夯实了我们的理论基础知识，磨炼了我们的实验创新能力，加速了我们的专业素养提升；她以良师益友的身份，用谦虚、细心、贴心的良好修养，无微不至地关心我们的学习、生活，教会了我们团结、合作、沟通，从而达到共同进步。

（邱建萍老师是朱琦名师工作室中成长起来的优秀青年教师。她先后获得广东省中小学青年教师能力大赛省一等奖、教育部2016—2017年度部级优课，并在市、区各种教育教学比赛中取得优异成绩）

可亲可敬的"朱妈妈"

每天清晨，在我们的校门口总能看到一位向每个同学微笑点头的老师，这便是我们的朱琦校长。

朱校长曾教过我们班的生物，她讲课生动有趣，深深吸引着每个同学，课后带着我们做实验，与我们分享实验成果，每个考试进步的同学还能得到她自己掏钱买的奖品，有零食、学习用品等。在朱校长的带领下，我们班的生物成绩从全年级最差的倒数第一变成了最好的正数第一，初二下学期生物会考，我们班全部通过。

让我印象最深刻的是朱校长的和蔼可亲和以身作则。朱校长性格温和，从没见过她对学生发脾气。曾和我们班的同学一起打扫卫生，见到垃圾会亲手捡起来。

朱校长于我们，不仅是良师，也是益友，更带给了我们妈妈般的温暖，让我们把学校当成了家，也真正体会到了这个大家庭的温暖。

（徐子洋同学对朱琦校长的感言）

好的"领头羊"

一位好校长就是一所好学校，一所好学校能够培养出一批好学生。我的女儿子洋，看着她一天天变得更加爱国、更加爱党、更加爱人民、更加爱学习、更加有理想，她可以独立完成自己的作业，她可以与我一起讨论国家大事，她可以"监督"我的言行促进家长的自律。女儿的健康成长是学校老师教育得好，学校氛围感染得好。我从女儿的茁壮成长中感受到了您带领的团队是多么的优秀！我庆幸女儿在八中遇到了一位好校长、一群好老师、一帮好同学。

衷心感谢八中的老师们！衷心感谢朱校长！

（徐子洋同学家长对朱琦校长的感言）

香洲先锋

教师是太阳底下最光辉的职业，是教育发展的第一资源，是教育质量不断提升的关键所在。习近平总书记指出："一个人遇到好老师是人生的幸运，一个学校拥有好老师是学校的光荣，一个民族源源不断涌现出一批又一批好老师则是民族的希望。"为进一步擦亮香洲教育品牌，全面加强香洲区教师队伍建设，大力宣传全区教师队伍中一批师德高尚、能力突出、群众认可、学生爱戴的先进典型，引导广大教师积极向"身边的榜样"学习，并在全区厚植尊师文化，营造尊师氛围，我们推出"香洲好园丁"系列，每期展示一位学为人师、行为世范、爱岗敬业、爱生如子的师德楷模。

（2019年香洲区教育局评选"香洲先锋"颁奖词）

最是读书滋味长

天空开始飘起小雨，四周静悄悄。邻居们似乎都在享受周末生活，清晨时分的小区安静而祥和。

一大早端坐在电脑前，构思女儿学校的命题作文《读书趣事》。把老师的信息要求浏览许多遍，总想从那简洁的几句话中找到一丝灵感。

女儿端坐书房，认真书写作业。偷望钻研的她，我满怀喜悦。满屋子的书，林林总总，偌大的书柜与瘦弱的身材相比，女儿显得格外渺小。我们虽算不上书香门第，祖孙三代却也都是好书之辈。那就从我的父母、我和女儿的"好书"故事开始吧……

父母都从医，从小我就在医学书海里长大。家里的标配是父母众多的医学书籍、酒精消毒水味、五颜六色的药品瓶罐、三班倒的繁忙工作。家里随处可见很厚很沉的医学专业书籍，记忆里那些黑白字很小，密密麻麻，术语也很是拗口。父母经常翻阅它们，并一起讨论疑难杂症；重点的地方用红笔认真标注，上面人体各大器官图谱，他们都了然于心。我对父母的工作充满敬仰与自豪：救死扶伤，医术高明，他们可真是了不起。如今，父母早已退休，但他们一如既往地爱学习：爸爸仍在做保健医生，他学会了上网查询资料，会用PPT演讲稿讲课，闲聊时三句不离本行开讲养生保健知识。母亲活到老学到老，一直坚持上老年大学，凡是认为有价值的东西，她总会摘抄或剪贴下来，时常和我们一起分享。爸妈都写得一笔好字，父亲竟然还会写反字，令我们惊叹不已。遗憾父母当时没有"逼"我们把字练好，不然如今也算有门好技艺傍身。女儿总是赞叹外公外婆：可以独立开家医院，基本技术都齐全了！玩笑中，饱含着对前辈们"好书、好学习"的无限赞叹与尊敬。

受父母影响，我也喜欢书，并选择教书为终身职业。小时候，家里经济不宽裕，但父母省出钱来为我们姐弟俩订阅了不少杂志，如《故事会》《少年文艺》《十月》《小说月报》《大众电影》《兵器》《航空知识》等，那是我们最大的财富。做完作业，最大的乐趣莫过于看此等"闲"书。时光悠长，看书的时间充裕，一本书可反复阅读。大院里的小朋友还经常交换着看，是何等的快乐！

爸妈单位有一间面积不大的图书馆，它在我心目中却无比的明亮宽敞：杂志种类齐全，很多都是彩页的。漂亮的插图，喜欢的明星，热爱的文学作品……我每周都去，将优美的文字摘抄在软皮本上，将海量的信息印在脑海里，将书本展现的大世界存放心中。我从书里追星，对美好怀揣着无限的向往和憧憬。书，伴我度过快乐的童年和青少年，生活因阅读而多姿多彩，因阅读而看到了精彩的世界。

工作后，"优秀教师"标准成为自己的奋斗目标。《给教师的一百条建议》中提出："读书，每天不间断地读书，跟书籍结下终生的友谊。潺潺小溪，每日不断，注入思想的大河。读书不是应付明天的课，而是出自内心的需要和对知识的渴求。"它给我开启了一个窗口，使我窥探到了教育技巧的奥秘：既然选择甘于奉献与寂寞的职业，就不抱怨艰辛的付出。给学生更多的知识和技能，教师就必须不断丰富、更新知识储备。用终身时间去拓宽自己的知识海洋，持之以恒地提高教育技巧。

我长期订阅《中学生物教学》期刊，掌握最新的教学研究动态；读《做最好的自己》，坚持不懈向"最好的教师"境界靠近；读《叩问课堂》，审视修正教育行为；读《细节决定成败》，领悟精细化管理技巧；读《学校管理》，获取治校治学良方。我和名师工作室成员研究教学难题，共享教育成果，与他们共成长。

"吾家有女初长成。"转眼，孩子已经成年。受长辈们影响，她也喜欢读书，享受读书带来的快乐。从无字的图画书到厚厚的中外古典文学作品，从跟着复读机的呀呀学唱到浏览网络世界超海量的信息。时代已经发生了翻天覆地的变化，年青一代可以体验多种阅读方式，可读性、直观性、简便性都得到了提升。"书籍"只是获取知识的代名词，但无论哪种形式，让女儿好读书、读好书、养成良好的阅读习惯，始终是我们守护的书香情怀。"读万卷书，不如行万里路"，带着女儿游走世界，增加获取新知和体验的途径，也将是自己一直努力的方向和目标。

　　布衣暖，菜根长，最是读书滋味长。

图1　我和父母、女儿

做教育的摆渡人

有一种生活，你没有经历过，就不知道其中的艰辛；有一种艰辛，你没有体会过，就不知道其中的快乐；有一种快乐，你没有拥有过，就不知道其中的纯粹。

——题记

图1　支教交流活动成员合影

一、艰辛

受邀参加珠海"名师课堂"阳江巡讲团第三批支教交流活动，对活动的宣传报道早有耳闻，心里暗自窃喜……

自荣获"名教师"以来，支教、讲座、示范课等专业领域的交流活动，成为工作常态。曾经无数次因公开课寝食难安，也会因为精神高度集中连做梦都在上演植物和动物的故事。但每一次的经历，都成为个人的财富；遥想每一个细微的片段，都历久弥新。

这次巡讲的目的地是阳江阳东新洲中学。地方并不遥远，却陌生，陌生的城市，陌生的学校。

上课要求同课异构的形式，阳江的老师和我讲同样的内容。名义上是"名师送教下乡"，暗地里我心里却直打鼓：异地"作战"，人生地不熟，此乃兵家之大忌也！

当被告知上课内容是人教版七年级上册"细菌和真菌在自然界的作用"时，我举着手中的电话愣了半天：珠海一直选用北师大版教材，人教版已在珠海教育界绝迹好多年。备课，还得从不同教材版本入手！

从阳江捎来的教材和教学参考书，阅读了一遍又一遍；上网搜寻相关资料，似乎不太满意；与阳江同台PK的严老师保持密切联系，生怕忽略重要细节：有多媒体设备吗？能正常使用吗？学生状况如何？上课提问难度如何把握？有分学习小组吗？……

生物科学本质上是一门实验科学。这节课，教学设计的亮点是通过解剖花生植株根部来观察根瘤结构，从而培养学生的动手和观察能力。在珠海市区是很难找到新鲜的花生植株的，为完成这个教学设计，只好动用友情关系，请在阳江支教的朋友收集花生苗；为双保险，请在珠海斗门的朋友再收集一些快递到珠海。当这些无色相可言却新鲜翠绿的花生植株送达我的手上时，心中洋溢着满满的感激之情。

阳东，我准备好了！交流活动，将拉开序幕……

二、快乐

与我同行的伙伴们真棒！这次巡讲团成员除我之外，还有珠海其他中学的3名教师。成员们从来没有见过面，此时因同一个目标走到一起。志同道合，惺惺相惜，行程中很快就熟络起来。一路言谈，却发现大家还时不时拿出讲稿瞄几眼。对视时彼此会心一笑："加油哦！"用眼神给对方打气。

阳东新洲中学和珠海支教办的领导真贴心，他们早早就在高速路口等我们。到了学校，热情地招呼我们：贴心问候，热茶热饭；教学设备落实，了解学生情况，这让初来乍到的我们倍感亲切，陌生和距离感迅速消失。

新洲中学给人的感觉真亲切！校舍新建不久，处处明亮，干净整洁，令人赏心悦目；课室里的多媒体设备虽然不新，但功能齐全；学生纯朴有礼，活泼开朗。"老师好！"学生们轻轻的问候，消融了我们最后一丝顾虑：这里的孩子真阳光，上课肯定没问题！

我的伙伴严老师有真功夫！新洲中学的严老师教学基本功扎实，人清瘦、文静，彬彬有礼。她的课，思路清晰，准备充分。她的课准备了多样化的生物实物观察材料，如各种发霉的水果等，给学生提供真实的学习体验。

阳江老师值得我们钦佩！在曾经的互换交流中，有来自阳春、阳东的行政干部到我们学校挂职。他们勤勉、专注、和蔼，待人真诚，对工作敬业细致，扎实的工作态度给我留下了深刻的印象。他们挂职锻炼的日子虽短，但与我们建立了深厚友谊！在这次交流活动中结识了新的阳江朋友，我们相互欣赏，互相学习。现代交流方式的便捷，让我们的交流从课堂延续到课外，可随时通过微信、QQ、视频对话等形式隔空传话，牵手共筑友谊的小船。

与我只有一节课"情缘"的学生们真暖心！他们跟着我，一起认真观察花生的根、竹荪干制品、发霉的橙子，观看用手机制作的"寻找地衣"视频，用心记下黑板上强调的内容，仔细标注书本上重要的知识点。他们从最初小手低低地举起到最后大声表达自己对问题的见解，都让我特别自豪！孩子们哪，我是如此庆幸！机会只给了我们短短40分钟的相聚时间，你们却用满腔的热情予以回报！此刻所有的不眠与曾经的焦虑都风轻云淡。

图2 朱琦老师带领学生观察花生植株

三、纯粹

阳东巡讲活动是第一次，但绝不会是最后一次。

每次外出教学研讨回来，都会静下心反思：交流活动有收获吗？哪些方面可以改进？哪些经验和教训可以带给下一次？

每次外出都是辛苦的，但鼓励自己是常态：选择做一个麦田守望者，就要守住可能的孤独与寂寞，踏踏实实地播种与收获，为每一个孩子的成长，选择心境坦然、温暖、纯净……

每次从偏远地域回来，可能都会感叹：城乡之间在硬件设备和软件实力方面确实存在一定的差距。但更多差距不是来自硬件，而是师者职业懈怠对学生前途命运造成的影响。当地还有很多非本专业的教师走上讲台，令人担忧。或许，对口帮扶在经济上的资助能让学校的设备更新换代，但更应当转变的是教育者的教育理念和对待工作的态度。支教者短暂的逗留，可以带来新的教学方法，更希望能够传递对教育事业的责任感与使命感。

不管是巡讲还是支教，这些行为本身就是一种爱的传播。这种奉献的精神会影响当地的孩子、当地的老师、当地的村民，也影响着我们支教者身边各行各业的朋友，以后他们也会以各种方式和途径将这种爱传播出去。

珠海与阳江的帮扶道路上，有无数的志愿者、志愿者家庭在默默地支持与付出，他们都是教育的摆渡人。没有利益，没有回报，只是坚信，一个志愿者就是一把泥土，无数把泥土聚集在一起，可能成就一座山峰、一条山脉……这样的山峰，能够改变风的走向，能够决定水的流速。

一直，独爱语文课本上的短文《落花生》，节选最爱的一段共勉：

父亲说："花生的好处很多，有一样最可贵：它的果实埋在地里，不像桃子、石榴、苹果那样，把鲜红嫩绿的果实高高地挂在枝头上，使人一见就生爱慕之心。你们看它矮矮地长在地上，等到成熟了，也不能立刻分辨出来它有没有果实，必须挖起来才知道。"

……　……

我说："那么，人要做有用的人，不要做只讲体面，而对别人没有好处的人。"

父亲说："对。这是我对你们的希望。"

立茎：

固本培基，立德树人

什么样的教育是"真"教育？我们一直试图寻找答案。

有人说，教育是首青春的诗，在躁动不安的灵魂里有一个年轻的梦；教育是首激情的诗，在春风化雨的课堂里有一脸灿烂的笑；教育是首创造的诗，在探索求知的丛林里有面个性的旗；教育是首智慧的诗，在写满问题的试卷里有一双发现的眼；教育是首未来的诗，在承传文明的长河里有一艘破浪的船。

尊重、相信、依靠孩子们。给他们搭建起航的港湾，提供翱翔的苍穹，引领他们长风破浪，展翅高飞。

新时代生物教师基本素质的要求

这是一个真实的故事，也许你也曾遇到过……

在一所小学里，老师正安排孩子们练习画画。老师看见一个小男孩儿创作了一幅《我的家》意愿画：茂密的大树旁有一座漂亮的房屋，几个穿花裙子的女孩儿正在玩游戏。天上飞着几只小鸟，蓝蓝的天空飘着几朵白云，云中躲着大半个太阳。令老师吃惊的是，小男孩儿正用绿色颜料去涂画太阳。老师摸了摸孩子的头，用和蔼的声音对小男孩儿说："你画得不错，但你的太阳颜色涂得不对。红太阳，太阳应该是红色的，改过来吧！"孩子瞪大眼睛，略带迷茫的眼神望着老师，又继续涂他绿色的太阳。老师不悦，提高声调责备学生："听话，太阳不可能是绿色的，再这样，老师可不给你高分啦！"

这是一位对教学工作非常负责任的教师，她关心孩子们的健康成长，希望孩子们走正确的路，形成正确的意识思维。因此，面对绿色的太阳她不能不批评指正孩子。但是，从新时代创新教育的观点看，这位好心的教师的批评是令人遗憾的。她太习惯于按照成年人的思维模式去思考问题并得出结论，而忽略了用孩子的眼光去看世界，从孩子的心理去想问题。且听小男孩儿在课后的解释："今年夏天太热了，如果太阳也像大树一样是绿色的，天气就会凉快了。"

这就是孩子的童真、童趣和异想天开！这就是孩子以其独特的视角去看世界，并希望寻找到异乎寻常的答案。这个故事给教育者们发出了提醒：时代的发展呼唤创新教育。

一、时代的发展呼唤创新教育

长期以来，我国的中小学教育实践中存在着诸多弊端，其中较为突出的表现就是学生被动学习，个性发展受到压抑，整体上缺乏创新意识和创新能力。

当前，随着知识经济时代初见端倪和我国素质教育全面实现，提升创新教育在创新人才培养上的价值正日渐成为学校教育革新的重要目标之一。创新教育，就是使整个教育过程被赋予人类创新活动的特征，并以此为教育基础，达到培养创新人才和实现人的全面发展的目的的教育。实施创新教育的宗旨，就是要培养创新意识、创新能力与创新精神。毫无疑义，时代呼唤创新教育。

二、教师是创新教育实施的主导因素

在对学生的培养过程中，教师显然起着至关重要的作用。在创新教育活动系统中，教师作为教育者，是主体；而学生作为被教育者，是教师培养的对象，是客体。这二者不是单向地发生作用，而是双向发生作用与反作用，彼此影响，促使被教育者成才。在这种教学相长的过程中，教师占主导地位，是实施创新教育的主体因素。正如开头的故事，教师既可以沿用传统的教学方法，把学生培养成"只能画红太阳"的再现型人才；也可以采用创造性教育方法，把学生训练成敢于画"绿太阳"的创新型人才。而培养大批勇于突破常规的创新型人才，就要求教师要树立创新教育的思想观念并开展创新教育活动。离开教师这个主体因素，创新教育活动系统将无法运转。

三、创新教育体系下生物教师应具有的基本素质

在以高新技术为核心、知识创新为源泉的知识经济时代，以揭示生命现象和生命运动规律为基本职能的生物科学，将在社会、经济的各个领域中显示出日益重要的科学价值。为适应社会变革，生物教师应着眼于改变原有教育教学条件下形成的偏重知识传授、重技能训练的教学方式，充分发挥学生的创造性、主动性，在学生牢固系统掌握学科知识的同时，培养学生的创新意识、创新精神和创新能力。

创新教育体系下，生物教师应具有的基本素质是：创新性教育观念、多元化的知识结构、科研型的教学能力、独特的教学方法与管理艺术。

1. 创新性教育观念

拉塞克和维迪努在《从现在到2000年教育内容发展的全球展望》一书中提到："教师的权威将不再建立在学生的被动与无知的基础上，而是建立在教师借助学生的积极与促进其充分发展的能力上。一个有创造性的教师应能帮助学

生在自学的道路上迅速前进，教会学生怎样对付大量的信息，他更多的是一名向导和顾问……"

也就是说，在新教育体系下，教师观念系统应发生转变：要求教师转变"学生观"，树立新的师生观念，创建一个自然、和谐、平等的教学环境。在这个环境里，不是教师讲学生听的单向交流，而是允许学生打断教师的讲话，允许学生对教师或书本上的观点提出异议。教师以参与者的身份而不是以权威的身份，与学生共同参与创新活动，鼓励学生发表自己的观点，自圆其说，使学生敢于质疑、敢于批判。

例如，讲授"消化系统"时，没有采用按照书本内容或照黑板上的挂图一言谈的"个人英雄主义"教学方法，而是让学生在充分预习的基础上，让每个小组的学生分别扮演消化系统中各器官的角色，从口开始到最后的肛门，按先后次序出场介绍各自的位置、功能、结构特点、患病的可能性等，教师在一旁加以点拨，形成师生双边心智对流，让学生在轻松愉快的环境中开心学习、自主学习。

2. 多元化的知识结构

当前，生物科学发展日新月异，自20世纪50年代美国生物学家沃森和英国生物学家克里克提出DNA双螺旋结构模型，60年代揭示三联体遗传密码后，生物科学面目一新，已成为当代自然科学中最活跃的领域之一。伴随着科学的整体性与渗透性日益加强，知识的专一化与综合化趋势并存，多学科相互融合，如生物化学、生物物理、生物数学、数学生态学、仿生学等，传统科学的界限开始模糊，每一专业领域都需要多种学科知识。教师要想在每一狭小的专业内取得进展，都需要具有深厚广博的基础知识。

由于现代教育随着科学技术的发展而发展，多媒体教学手段的广泛运用已经逐步代替传统的一支粉笔、一张嘴的教学方式。教育技术作用的发挥，创造教师在教室里的新形象，掌握现代教学技术成为教师职业素养的重要一环。为提高课堂的生物性和有趣性，师生课前可以多方面收集素材，在课堂上采用投影、视频、多媒体课件等信息化手段，让先进的现代化教学工具为课堂增添直观性和真实性。

3. 科研型的教学能力

教学能力是指教师运用教学理论、教学方法及教学技术有效地组织学生学习专业知识，顺利完成教学任务的基本能力。创新型教师必须是科研型的教师，教师的教育教学工作逐步由经验型转向科研型，教书型转向专家型和学者型。

创新型生物教师首先是教法的研究者，要研究教授学生学习的原则和方法，要具备研究教材、设计课型能力，课堂调控能力，课后评价能力等；其次，教师也是学法的研究者，研究重点是如何让学生有效、高效地学习和运用知识，特别是在培养学生学习能力、实践能力和创造能力等方面开展研究。创新型教师既要会教书，还要研究教书的策略和方法。

4. 独特的教学方法与管理艺术

重视教学方法与管理艺术的运用，会对学习者产生良好的教学效果。在对待班集体和学生的管理工作时采取的中心原则是：努力创设并维护一种易于使创造力得以表现的师生关系、同伴关系及班级风尚。

我们可以将教学活动安排得更为生动活泼、有趣味、形式多样化，赋予教材更多的新意和活力。

（1）注重启发学生思维，鼓励学生从身边发现问题，通过自己找答案来解决问题，培养自主学习能力。

（2）倡导学生互助合作，发挥集体创造力。

（3）鼓励学生广泛涉猎，多学科融合，开阔视野。

（4）鼓励学生发表各自见地，从不同角度看待、分析问题，不人云亦云，不墨守成规。

（5）注重学生耐挫能力的培养。

四、创新教育理论学习在实践中的应用

创新教育理论提出由来已久，理论与实践相结合，才能使我们的教学接地气，产生实效。

附：

课例一：创境设疑，激活学生创新意识

"鸟纲"内容，设置如下学习情境：

（1）观看各种鸟类在蓝天下展翅翱翔的录像片段——引发好奇心。

（2）在黑板上画一个斜三角形代表鸟的轮廓，并要求学生对飞行在空中的鸟进行受力分析——增加好奇心，激发求知欲。

（3）引导学生各抒己见，分析鸟的受力情况，教师点拨——保持好奇心，增强成就感。

（4）出示问题——鸟在空中飞翔时的受力情况。鸟类形成哪些形态结构特点与此生活习性相适应？——保持好奇心，增强求知欲。

学生在好奇心和求知欲的驱动下，积极思维，主动探索，使教学达到良好效果。

课例二：实验探究，培养创新能力

植物"水分的输导"内容，设计实验探究式教学方法：

（1）提出问题——植物是如何将根系吸收的水分源源不断地运输到高大的树冠上去的？

（2）查阅资料——茎的结构蒸腾作用。

（3）提出假设——A.由筛管向上输导；B.由木质部导管向上输导。

（4）设计实验——模仿课本上的实验或自行设计实验步骤。

（5）实验验证——对自己构思的实验逐步进行操作、观察并记录结果。

（6）结论——通过对实验结果的分析，得出结论；解释实验中存在的问题。

（7）提高——教师点拨。

在整个探究过程中，学生是学习主体。通过查阅资料、收集信息、设计实验方案、完成实验、讨论结果。以教师为主导，教学过程中点拨、指正、引导和管理学生。

课例三：细雨润物，培养创新精神

生物科学的发展史是一部创新史，其间凝聚了无数生物学家的汗水。他们不畏艰难，顽强拼搏，勇于探索和求真务实的科学精神，是培养学生创新精神的教育素材。比如，在"生物进化的学说"教学中，向学生介绍达尔文在环球旅行时，历尽千辛万苦，克服种种困难。1842年写成《物种起源》的初稿，经过17年研究修改，于1859年正式在伦敦发表，第一版1250册，在一天内就销售一空。案例启发学生，给孩子们树立学习的榜样。

　　"吾生也有涯，而知也无涯"，在新的教育形势下，每位教师要更新理念，加强学习，加快教育角色更新的步伐，以培育创新型学生为己任，勇于培养画"绿色太阳"的创新型人才，赋予生物教师"传道、受业、解惑"以新时代的内涵。

体态语言在生物教学中的应用

初中物理学科的定理、定律较多，我们常常混淆，张冠李戴。但是，我对右手安培、左手定则的记忆非常深刻。当我打开手掌，磁场、受力、电流的方向一目了然，乾坤尽在自己小小的指掌之间。总结起来，这大概是非言语教学中的体态语言——手势语言在教学中成功应用的典范吧。

教学实践中发现，要想提高课堂教学效果，我们既要重视言语教学，又要重视非言语教学。课堂教学中的非言语行为主要包括人体的体态手势、面部表情、眼神以及辅助语言和语言构成的副语言系统等。在生物教学中，体态语言的应用较为广泛，教师如果能合理、巧妙地加以利用，可能会收到意想不到的教学效果。

一、体态语言在生物教学中的应用

体态语言是指受大脑支配、不由口说出，而是用人身体的某一部位或动作、手势把生物知识展现在学生面前的教学方法和手段，促使学生更好地领悟和理解知识。在生物教学中，有时教师在表达生物形态结构、大小或动植物的运动方式时，往往感觉到词不达意或欠准确，或过于烦琐，若用体态语言来表达就很容易。运用手势或动作来表达语言和文字难以展示的内容，同时还能把抽象的内容变得更直观、更形象，从而达到良好的教学效果。

1. 演示身体各部分的结构和协作关系

教师可用教鞭指点第一颈椎以上的部分，告诉学生是头部，第一到第七颈椎之间的部分是颈部，肩关节到手和髋关节以下部分属四肢部分，余者为躯干部。然后再指点身体相应部分介绍各种器官，这样不仅使学生了解了身体的四个部分，还能清楚地掌握身体四部分间的界线，既直观又清楚。

讲授骨骼肌在运动中的协作关系时，教师利用手臂演示屈肘和伸肘动作，屈肘时肱二头肌等屈肌肌群收缩胀起，同时肱三头肌等伸肌肌群舒张而平伏；反之，伸肘时肱二头肌等屈肌肌群舒张而平伏，肱三头肌等伸肌肌群收缩而胀起。

2. 演示动态的变化过程

通过两手合抱上下移动及两掌的运动可演示胸廓的呼吸运动。两手交叉合成抱球状代表胸骨，两臂代表肋骨，身体代表脊柱。当两臂向上向外抬起时，代表肋骨、胸骨上举，胸腔内容积增大，表示吸气时的胸廓状态；当两臂向下移动时，代表肋骨回位，胸腔容积变小，表示呼气时的胸廓状态；当两手四指交叉掌心向下放在胸、腹腔之间膈的位置，两掌向下压时，表示膈下降，胸腔扩大；当两掌向上弯曲升起时，表示膈上升，胸腔便缩小的状态。

介绍尺蠖运动形式，可用大拇指和食指像量距离一样在黑板上比画，学生容易理解"尺蠖状"运动的样子。

3. 演示形态上与手相似的内容

讲解海盘车结构时，以手掌代表体盘，张开的五指代表放射状的五条腕，手心代表口面，手背代表反口面。

将手心向下，两臂平伸，又可演示输卵管的形态，用手代表漏斗部，手指代表漏斗部中的输卵管伞，手臂可代表输卵管的壶腹部，它们皆左右两侧对称，中间躯干部正好可代表子宫。

介绍关节结构时，可以右手握拳代表关节头，左手环握代表关节窝，两者相嵌后中间留有间隙代表关节腔，并能演示关节活动情况。

4. 进行卫生健康教育

讲脊柱的生理弯曲和培养正确坐姿，防止脊柱侧弯或后凸时，教师可夸张示范驼背、斜肩的状态；讲佝偻症的"O形腿""X形腿"时，更是能用双腿的位置和姿势形象地说明佝偻症下肢弯曲的样子和轻重程度。

5. 进行简易的实验

有些知识可利用身体某一部位来进行简单实验，现象明显直观。有关触觉、痛觉、温度觉等皮肤感觉时可在手上进行实验，膝跳反射实验可让学生作为被实验对象。

测试视网膜上的盲点，可通过手的运用马上得到验证。双臂自然前伸，双手食指竖起，并排，且与眼睛位于同一平面。闭上左眼，令右眼注视左手食指指甲，右手缓慢向右移动，实验者可根据右手移动过程中食指指甲的可见、消失、再出现，寻找到盲点的投射区，从而验证眼内盲点的存在。

二、体态语言应用的特点和效果

通过实践证明，体态语言在教与学两个方面都有其独特的特点。在教的方面，体态语言具有新颖性、易行性、广泛性等特点。

1. 方法多变

体态语言既可利用身体的某些部位，也可利用手势或其他动作，甚至可利用衣着服饰等进行；既可通过触摸指点，也可演示测量使用；既可单独使用，又可结合有声语言，还可结合其他教具共同运用。

2. 简单易行

教学中，教师无须考虑物力，只需开动脑筋，努力发掘知识与肢体的内在联系，不受限制，想做就做，节约时间和精力。

3. 适用性强

在人体结构教学中，每一章节都有内容可利用到体态语言，既可在室内进行，也可在户外使用。普通的人体，可被充分利用，能塑造出多种与生物知识有关的造型，动静皆可。

4. 广普性高

不论是教师还是学生，人人都可以成为一件活"教具"，真实，可观性强，避免同时使用或观察单一教具或挂图。

5. 效果明显

心理学研究表明，人之所以能建立观念，基于视觉经验所得占40%，而基于听觉所得仅为25%。对中学生进行统计，发现他们"看"和"做"比"听"所记住的内容多1.66倍，由视觉和听觉结合获得的知识可达65%。所以，体态语言教学能使教师的授课生动形象，学生在"看"并自身实践时所记住的知识更为深刻、更加清晰。

三、体态语言在应用过程中的注意事项

体态语言运用的优劣，决定因素首先取决于教师的素养。教师不是表演

艺术家，看似简单的形体动作要做到准确到位，要求教师要经过长期而刻苦的练习，反复实践。其次，加强对教材内容的掌握，对教学内容的理解全面、透彻，才能选择最佳的表达形式。最后，针对不同年龄学生的认知特点和心理特征，向学生展示的动作要易懂、自然、生动。教学中，体态语言应用应注意遵循以下几点原则。

1. 遵循科学性第一、艺术性第二的原则

体态语言中，教师的姿态动作幅度要适当，以稳重为好，应用过程中保持科学探求的严肃、凝重的气氛，不宜刻意追求华丽、夸张的效果。

2. 为教学内容服务性原则

教学内容需求之外的内容或教师不适合的习惯性动作要尽量避免。例如，高频率挥手摆头、漫无目的地在讲台上走动、经常扶眼镜等动作，令人眼花缭乱，干扰学生视听。

3. 寓意准确性原则

让学生百思不得其解的动作会混淆视听、降低学习效率，应避免缺乏严谨性和科学性的示范动作。

4. 学生参与性原则

设计好教学环节，带领学生共同参与。教师不能只顾自己展示，要充分考虑学生的参与性。例如，哪些是师生可以共同参与的，哪些是学生可以独立完成的；学生展示过程中出现的错误，教师采取应对的方式；学生活动过热，如何把控课堂节奏；等等。

综上所述，非言语动作具有言语所无可替代的教学作用。教师应该多研究非言语教学，充分发挥体态语言对教学的促进作用，提高课堂教学效率，将"此时无声胜有声"的意境带入我们的课堂。

生物教学中备课的方法与技巧

在上课过程中，我们可能会遇到这类尴尬场景：有些生僻字不认识，要么误读，要么心虚地支吾一带而过；当谈论某个感兴趣的话题时，想用曾经看到过的事例或材料加以描述，却因时隔久远只记得皮毛；对于学生在作业或考试中经常犯错的知识，想再三强调却找不到案例……

如何科学、高效地备课，避免类似问题的出现？教学中我们就应当强调并高度重视教师的备课环节。备教材、备教法、备教学重点难点，这是我们常规的、必不可少的备课内容，也是备课工作的基础。除此之外，还可以从以下几个方面完善备课环节，从而提高我们的备课效果。

一、备新知，扫除教学障碍

教师在备课时，先通读教材，对学生容易出错的字、词做好记录，并细致注解。根据教材内容查阅相关参考资料、报纸杂志和视频资源，选择适合的内容作为教学补充，丰富和拓展学习内容，使课堂教学更加生动有趣。

1. 备语言、备汉字，记录难读和难写的字

在生物教材中，有很多生僻的字、词难以识别，也有许多概念表述过于抽象而不易理解。在教学中，如果读音不准或马虎带过，不仅会闹笑话给学生带来负面影响，也违反了教学科学性原则。为此，备课时教材中的生字词一定要查阅词典，注上拼音和同音异形字，如"蠖（huò，获）、鬣（liè，劣）、龋（qǔ，取）、酵（jiào，教）"等；对易写错的字要反复强调，认真板书其结构及写法，如"囊、镶、臀"等；对一些概念，采用理论联系实际的方法，作扩展性解释。以上措施，目的是扫除学生在书写、阅读和理解上的困难。

2. 备实例、备数据，记录学科发展前沿信息

"兴趣是学习的挚友"，它是学习的原动力。教师除了采用生动有趣的教学方法外，还要以丰富、新颖、具有吸引力的教学材料来提高学生学习的兴趣。同时要充分发挥学生主体作用，充分调动学生学习的积极性和主动性。

（1）备"新"

随着科学技术的不断进步，生物学发展迅速，新观点、新技术、新发现等如雨后春笋般层出不穷。而现有的教材内容更新速度是有限的，它来不及收集和编辑这些新知识进入教材。为了使学生了解和掌握学科新动态，我们的备课内容可以超越教材，把最新的知识补充进去。如学习"生物进化的证据"时，可介绍我国科学工作者关于鸟类起源于中国、中华龙鸟将取代德国始祖鸟鼻祖之位的研究成果；学习"基因工程"时，可介绍我国关于人类基因组研究的克隆技术方面的内容；学习"病毒"时，可介绍新型冠状病毒及人类抗疫内容。

（2）备"实"

受课时限制，教师可以重构教材知识，可将书本中学生容易掌握的内容省略或粗讲，补充身边的地方性课程资源，增加学生学习的趣味性，使学习更接地气。例如，带学生到生物园上课，了解植物的多样性；到珠海海鲜市场，了解当地的海产品种类；采摘水葫芦、五爪金龙并制作标本，了解外来物种对当地生物环境的危害。

（3）备"真"

教学为实践服务。在书本知识的基础上，适当介绍一些生物学知识如何服务于生活、有利于经济建设的事例，提高学生理论联系实际的素质。如学习"节肢动物门"时，介绍"河蟹的生物学特征及其养殖技术"；学习"两栖纲"时，介绍"牛蛙食性的研究"；等等。

随着教龄的增长，我们收集的材料越来越多。每一次备课如果重复记录所有材料，将耗时费力。我们可以将较复杂、多文字的材料记在小卡片上制成活页，将活页贴在备课本中相应的位置从而便于查找。新一轮的备课，如果没有新内容替换，就可以将活页取下贴在新的备课本内。

3. 备预习、备反馈，记录精选习题

学校课堂教学提出"一预习三优化一补标"。"预习"环节是教师每节课要列出下节课的预习提纲，要求简洁，有针对性和启发性；"三优化"中的第三项优化内容是优化课堂作业。课堂作业是巩固、加深、提高课堂教学效率的重要保证，多以习题形式出现，可以让教师及时了解学生掌握知识及知识的运用情况。课堂作业时间有限，精选习题的工作就显得尤其重要。课堂作业要体现"双基"训练，要体现对学生能力素质的培养。习题可从题库中精选，也可直接选用练习册上的题目，提倡教师自编内容。

二、备过程，积累经验提升教学

每堂课结束后，我们总有一些感想：可能是成功的喜悦，也可能是失败的苦涩。我们把这些反思提炼后记录下来，将有利于下一次的备课，使新的课程设计更合理，从而不断提升自己的业务水平和教学能力。

1. 备成功案例

形象贴切的比喻、通俗易懂的顺口溜、喜闻乐见的活动、合理课程时间安排等，我们可以把有利于教学开展的点滴记录下来，为今后的工作提供参考和依据，逐步形成自己独特的教学方式和风格。

例如，学习植物"葫芦科"特征，把复杂、烦琐的知识用简洁易记的字词组成口诀："葫芦科植物花单生，花萼花冠多合生。雌花雄花皆五裂，雄蕊五枚要记清。雌蕊一枚三心皮，瓜类瓠果可食用。在学习人体结构时，可以这样记："上房（心房）下室（心室）、房连静（静脉）室连动（动脉）、里尺（尺骨）外桡（桡骨）、内胫（胫骨）外腓（腓骨）。"类似的经验还包括，讲授蝗虫的口器时用剪贴图较好，讲人体胸部结构时用模型较好，讲人体呼吸时用体态语言好，讲蒸腾作用时用抽动式幻灯片演示较好等。

2. 备失败教训

课程时间安排不妥当、实验现象和结果不明显、教学重难点把握不准等，教师记录下教学失误及不足，为今后工作开展作出提示，如在课堂演示脊蛙反射实验制备脊蛙时，因解剖剪不锋利，半天剪不去头部，耽误上课时间；脊蛙没有静置一到两分钟，蛙仍处于脊髓休克状态就立即实验，实验现象不明显；实验课讲实验注意事项用时太多，减少学生动手操作的时间；观察人的口腔上皮细胞，由于指导学生取材不当，造成实验效果极差；等等。"失败是成功之母"，长期的反思和纠偏，可以不断降低我们工作的失误率。

3. 备教学机智

教学机智，又称"教学应变"，是教师在教学过程中处理偶发事件的能力，它是教师教学艺术的一个重要方面。在讲解"骨的成分和物理特性"时，取出一小段鲫鱼肋骨，轻轻弯曲以示其弹性，但用力过大鱼骨断裂。我灵机一动，立即给学生抛出问题："为什么用力过大，骨会断裂？"经过学习后学生回答："骨的物理特性主要表现在硬度和弹性两个方面。骨所承受的压力有一定限度，如成人股骨能承受263～400千克的压力，肱骨能承受174～276千克的压力。鲫鱼肋骨承受的压力超出一定范围，骨就会断裂。"

教师在教学过程中，要勤于记录教学应变的实例，不断积累教学经验，提高课堂教学应变能力，主动应对思维敏捷的学生提出的花式问题。

4. 备学生火花

学生的学习过程是一个积极的认知过程。学生在课堂上常常会生成独到的见解、奇妙的思路、优秀的案例。教师要善于捕捉学生的"智慧火花"，及时加以肯定和评价，可以调动学生学习的积极性，记载卜来供将来借鉴，如提取叶绿素的实验，学生不拘泥书本上规定的实验材料，自己采摘很多不同植物的叶子做实验，尝试取材各异来观察实验结果的差异。

课上十分钟，课下半年功。思则有备，有备无患，教师应高度重视备课环节，不断改进备课的方法策略，助力生成更加精彩的课堂。

教师说课能力的培养与提升

2000年金秋的珠海，迎来了全国中学"突出学生主体作用"的生物课教学模式展示和评比大赛，大赛以无生说课形式进行。我代表珠海参加比赛并荣获一等奖，参赛的课题为《生态平衡》。

围绕提高教师教学水平和能力的目标，先后推出了很多种不同的教研形式。说课虽出现较晚，但由于其简便、易操作、有效，已逐渐成为异校、异地之间进行教学交流的热门教研方式。它是指执教者在特定的场合，在精心备课的基础上，面对同行或教研人员讲述对某节课（或某单元）的教学设想、理论依据、教学实践等内容，然后由听者评议、说者答辩，相互切磋，从而使教学设计趋于完善的一种教研活动。说课的类型已由过去单一的教研型发展出示范型、观摩型、竞赛型、汇报型等。

一、说课的基本程序

说课不是对备课内容的简单复述，也不是对讲课过程的简略归结，而是在现代教学论的指导下，教师对整个课堂设计和教学环节在理论上的高度概括，充分体现教师对教育教学理论的运用能力。说课的内容总体应包括以下四个方面。

1. 说教材

说教材，也就是教材分析。任何一门课程的教材，从其知识内容到编排形式，都会构成一个系统。要说出对教材的整体把握，就需要明确本课题或章节内容在整个学段、一个年级的教材系统中所处的位置及其作用。只有明确了这一点，才能在教学中重视前后知识的内在联系，准确地认定教材的重点和难点，从而提高课堂教学效率。此外，要说出本课题或章节内容的教学目标，因为它体现着教学的方向，预示着教学应达到的目的。确立教学目标的依据，一是教学大纲的规定，二是单元章节的要求，三是课时教学的任务，四是教学对象的实际。要把这四点结合在一起通盘考虑以确定教学的起点和终点。

另外，在以上说教材的常规内容基础中，教师可以增添个人的不同思考，如对教材内容的重新组合、调整及对教材另类处理的设计思路。

2. 说教法

教学方法的选择，教学手段的运用，直接关系到教学质量的提高，教师必须对此作出明确、肯定的回答。说教法可以理解为说教学方法，或者教学方法中某个具体的教学方式和手段的选择及应用。例如，为完成教学任务所采用的课堂教学模式及其理论依据；为突出重点和突破难点采用的手段和理由；为处理某个习题所采取的策略和措施等。教学方法的选择，要始终贯彻具有启发性、突出主体性和注重思维性的原则，强调对教材特点和学生认知规律的把握。

教师制作的教具、微课、视频等辅助手段的选择，在说课过程中也可以简明扼要地向大家介绍。

3. 说学法

说学法，不能只停留在介绍学习方法这一层面，要把主要精力放在解析如何实施学法指导，重点介绍学生采用的学习方式上。新课改倡导"主动参与，乐于探究，交流与合作"的学习方式，在课程设计上要围绕这个核心思想和行为目标。

4. 说程序

教学程序的基本内涵是课堂结构，从教师整个说课过程来讲是说课精华和高潮所在。课堂结构要有过渡自然的教学环节，有清晰的教学思路，有一脉相承的线索，有逐步推进的层次。在这一环节中要说清楚突破难点的主要环节设计、化解难点的具体步骤，说清楚师生双边活动的具体安排及学情依据，说清楚课题的板书设计和设计意图，说清楚课后作业的布置和训练意图。比赛中说程序过程中的教学程序如图1所示。

按照图中环节，逐一向评委简要介绍上课过程，并在点击每一环节"引言示标""讨论议标"等字面上，超链接实际教学内容安排。另外，可在这个环节中穿插剪辑的课堂实录，突出展示学生在课堂上的精彩片段，将有助于增强直观性及可信度，说课效果更为理想。

强调注意事项：教师在说课时，每一个环节的独立效果很好，但四个环节统一看，却首尾不一致，容易前后矛盾。要注意说课整体的严谨性，使各环节相互协调，形成一个前呼后应的整体。

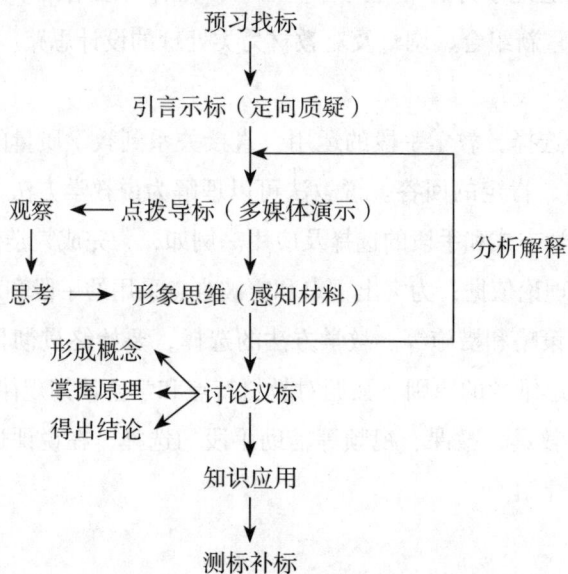

预习找标

引言示标（定向质疑）

观察 ← 点拨导标（多媒体演示）　　　分析解释

思考 → 形象思维（感知材料）

形成概念
掌握原理 ← 讨论议标
得出结论

知识应用

测标补标

图1　说课流程图

二、说课的基本原则

按照现代教学观和方法论，说课须遵循以下原则。

1. 说理精辟，突出理论性

说课不是宣讲教案，不是浓缩课堂教学过程。说课的核心在于说理，在于说清"为什么这样教"。因为没有理论指导的教学实践，只知道做什么，不了解为什么这样做，永远是经验型的教学，只能是高耗低效的。因此，教师必须学习教育教学理论，主动接受教育教学改革的新信息、新成果，并应用于课堂教学之中。

2. 客观再现，具有可操作性

说课的内容必须客观真实、科学合理，不能故弄玄虚、故作艰深，生搬硬套一些教育教学理论的专业术语。要真实地反映自己是怎样做的，为什么这样做。哪怕并非科学、完整的做法和想法，也要如实地说出来，引起听者的思考，通过相互切磋，形成共识，进而完善说者的教学设计。

说课是为课堂教学实践服务的，说课中的一招一式、每一环节都应具有可操作性。如果说课仅仅是为说而说，不能在实际的教学中落实，那就成了纸上谈兵、夸夸其谈的花架子，使说课流于形式。

3. 不拘形式，富有灵活性

说课可以针对某节课的内容进行，也可围绕某一单元、某一章节展开；可以同时说出目标的确定、教法的选择、学法的指导、教学程序的全部内容，也可重点说出其中的某项内容，如概念如何引出、规律如何得出、演示实验如何设计、技能如何使用等。要做到说主不说次，说大不说小，说精不说粗，说难不说易；要坚持有话则长、无话则短、不拘形式、自由研讨的原则，防止囿于成规教条式的倾向。同时，在说课中要体现教学设计的特色，展示自己的教学特长。

三、走出说课的误区

说课有思维误区，总体可概括为以下几个方面。

1. 说课就是复述教案

说课与教案既有联系又有区别。教案是教师备课这个复杂思维过程的终结，是教师备课结果的记录，是教师进行课堂教学的操作性方案。它重在设定教师在教学活动中的具体内容和行为，即体现了"教什么""怎么教"。

说课内容是教案中的精要部分，说课稿的编写虽然也以教案为蓝本，但更重要的是要体现出执教者的教学思想、教学意图和理论依据，即思维内核。简单地说，它不仅要精确地说出"教""学"内容，而且更重要的是要从理论和实践的结合上具体阐述"我为什么要这样教"。教案是平面的、单向的，而说课是立体的、多维的。

2. 说课就是再现上课过程

有部分教师在整个比赛过程中口若悬河地给大家"上课"。讲解知识难点、分析教材、演示教具、介绍板书等，把讲给学生的东西照搬不误地拿来上课。如果他们今天准备的内容和课程安排面对的是学生，可能会是一节很成功的示范课。但说课绝不是上课，二者在对象、场合上具有实质性的区别。

说课是"说"教师的教学思路轨迹，"说"教学方案是如何设计出来的，设计的优胜之处在哪里，如此设计的依据是什么，预定要达到怎样的教学目标。这好比一项工程的可行性报告，而不是施工过程本身。

3. 说教学方法太过笼统，说学习方法有失规范

"教学设计和学法指导"是说课过程中不可或缺的一个环节。有些教师在这一环节多一言以蔽之："我"运用了启发式、直观式教学法，学生运用自主探究法、讨论分析法等。至于教师如何启发学生、怎样操作，却不见下文。甚至有的教师把"学法指导"理解为解答学生疑问、学生习惯养成、简单的技能训练，"指导"的概念有误。

4. 说课辅助手段单一

有的教师在说课过程中，既无说课文字稿，也没有运用任何的辅助手段。由于说课是有一定的时间要求的，所以只见讲者心急如焚"超速行驶"，说、说、说；听者云里雾里跟不上节奏。这样的说课，难以达到预期的效果和目的。更有甚者，明明说自己动脑设计了多媒体课件来辅助教学，但在说课过程中始终不见庐山真面目，让大家怀疑其真实性。所以，说课教师可运用多媒体课件，如视频、说课文字稿等辅助性手段，在有限的时间内说清楚课、说好课。

四、反思我的说课历程

接到比赛任务时，我对说课的教研形式是一无所知的。但我为自己打气：作为青年人要不怕困难，要把握学习机会，不放弃每个锻炼的机会。在职业生涯中要勇立潮头，不落伍不掉队，方能适应万变的社会和新技术。

1. 善于把握机遇

"有志者事竟成"，机遇是人所向往的，当感叹机遇难得时，我们要为机遇的到来随时做好准备。坚持走专业发展的道路，认真细致地对待工作，珍惜每次学习的机会。我的备课本总是记录大量的学科资料，剪辑下最新的生物学科信息，课后完成反思和教育心得，积极将论文和案例推送参与发表。

2. 提高自身素质

许多年轻教师以为本科或研究生学历就可以包打天下，其实中学的教育远远不是几本《教育学理论》《教育心理学》和《生物学教学》可以应付的。说课不仅考查教师掌握多少现代教学理论水平，更体现教师对教育教学理论的理解和运用能力。教师应不断追求进步，广泛阅读，增强底气；向前辈们学习教学策略和工作技巧，增强实践能力；不断创新，形成风格。

3. 勇敢面对挫折

曾经，我的"湛江之行"留下的是失败的懊丧，"珠海之战"经历了严峻的考验，也收获了成功的喜悦。假若面对湛江的遗憾我选择了消沉，面对珠海的挑战我选择了退却，那么专业发展和成长对我来说便永远是一个梦想。所以，教师要敢于面对挑战，"在哪里跌倒，就从哪里爬起来"，失败了没关系，再来一次。

4. 学会更新自我

年轻是一种优势，它蕴含着个性，蕴含着生机，蕴含着创造。我们每一个人都有属于自己的个性特长，若能将潜能淋漓尽致地发挥出来，所能达到的教学境界将是全新的和富有创造性的。

正是有了创新的理念，我在参加全国竞赛《生态平衡》、珠海市教学设计大赛《酵母菌》、珠海市新课程研讨"激情燃烧的东澳岛——开展研究性学习"等课程教学时，选择不同的教材处理方式，活动设计都不尽相同。创新才能发展，创新才能超越。希望自己超越眼前的努力和成绩，继续为创造一个姹紫嫣红、五彩缤纷的教育世界而奋斗。

留白艺术在生物课堂的运用

在生物课堂教学中，教师如果面面俱到，步步设疑，整堂课就容易堆满了活动或探究题。而学生疲于跟随教师前进的步伐，没有思考的机会，学到的知识不能够内化为自己的能力，这样的课堂教学是不够完善的，容易造成学生学习效率低下。因此，教师巧借留白艺术，在课堂教学中恰当进行布白，如设计教学情境、预习导学案、实验材料等关键环节，及时激活学生的思维和自主意识，从而有效提高生物课堂教学效率，为课堂教学增加成长点。

一、在课堂导入处留白

1. 生成教学情境时布白

教学情境是教师课堂教学使用的重要手段，教师利用多种教学辅助手段展开情境创设活动，为学生更好地学习，提供合适的环境。因此，情境对学生的学习引导很关键，如果教师在情境生成时，设计过满，没有给学生留出应有的余地，学生的激情不能被调动，情境设计便不会收到较好的效果。所以，教师应根据学生的个性差异和教材的实际需要，在情境生成时进行布白，多从学生角度想问题，尽量给学生思维留出空间，吸引学生进入学习情境，增强课堂整体活力。

2. 预习学案运用时布白

课堂中的留白就是给学生足够的成长时机，充分发挥学生的主体地位。课堂教学传授知识很重要，但更迫切的是启迪学生的智慧，让学生学会学习，提升学生的生物素养。教师为了增强学生的自主意识，精心准备预习导学案，在导学案的处理中，避免内容过于复杂，侧重为学生学习布白，组织学生自己总结知识点，让学生不仅能够全面梳理教材脉络，还可以引起学生学习的内驱力。

学生都比较喜欢动物，生活中经常遇见各种动物。在学习"动物运动的方式"时，教师利用多媒体展示一组陆地常见动物的视频信息。觅食的猫、跳跃的袋鼠、在墙上爬行的壁虎、正在飞奔的猎豹，教师随即展示导学案中的思考问题：这些都是陆地上的动物吗？它们是怎么运动的？学生都很自然地回答："它们都是陆地上的动物。有的行走，有的跳跃，有的爬行。"学生顺利完成指定任务，教师继续利用多媒体展示空中和水中动物的视频，让学生观察这两类动物的运动方式。在视频的引导下，学生都总结得很正确。学生做好这些前期工作之后，教师在预习导学案上呈现问题：有哪些动物具有多种运动方式？并且生活在哪些环境中？学生展开热烈讨论，纷纷说出自己知道的动物。有的学生说："我知道青蛙既可以在水里游泳，也可以在路上跳跃。"有的学生说："野鸭，不仅可以在水里游泳，也可以在路上行走，还可以飞行。"教师留出最后一个预习点，让学生思考、讨论，这就为接下来课堂理解运动的意义以及运动与环境的关系做好了铺垫。

以上教学案例，教师利用了多媒体进行施教，创设声、像立体环境，学生能够直观地感知生物教学信息。同时加上预习导学案的运用，教师给学生留出思考空间，根据学生的表现，从中找到课堂切入口，再进行具体讲授。

二、在实验过程中留白

1. 实验材料留有空缺口

生物是一门探究性学科，最离不开的就是实验。实验可以为学生创设更为直观的观察契机，让学生在具体实验操作时获得相关认知。同时，实验激活了学生对生物的热爱，学生对知识的感知也会更深刻。实验离不开实验材料，教师在传统实验过程中，会把所有实验材料准备齐全，再让学生进行实验，学生没有机会参与准备阶段，对实验认识不到位。因此，教师制订实验计划，除准备必需的实验器材外，还应留有实验材料缺口，让学生自己寻找相关实验材料进行补充。只有这样，学生在实验操作时才会更积极，对实验效果才会更期待，使实验任务顺利完成。

2. 实验问题设置悬念点

生物实验过程需要面对众多相关问题，有深度的实验问题可以起到很好的引领作用。在多数实验操作中，教师过度强调实验的效果，使学生过多关注实验效果，实验作用不能最大限度地发挥出来。教师要在实验过程中厘清学生思维激发点，找出问题悬念点，呈现针对性的问题。教师适时投放悬疑问题，自然引发学生关注，这时给学生留出时间，关注学生教学生成，激发学生思维最大效度。

在实验过程中，教师巧妙设置悬疑点，引起学生多元思维活动，并给学生充分的观察时间。在学习"发酵技术"时，教师先提问："蒸馒头时，我们的父母都用什么发面？"有的学生说："我妈妈经常用酵母粉。"有的学生说："我奶奶用的是'引子'，也可以发面。"教师讲解："我们蒸馒头，发酵技术是关键，不管是酵母粉还是'引子'，都是酵母菌在发挥作用。"为了让学生感知发酵技术，教师引导学生实际操作酸奶实验。教师呈现酸奶的制作步骤，把学生分好小组，给学生分步介绍自制酸奶实验。接着展示悬疑问题：温度的不同，如何影响酸奶的形成？教师准备好实验所需物品，由于学生是带着问题进行实验操作的，因此，学生先对实验进行假设，接着通过对比实验，去观察实验现象和结果，并开始深入分析，获得所需的实验结论。

教师先由学生生活常识引出发酵技术，再由自制酸奶实验为学生创造良好的观察体验机会。教师通过设计相关悬疑问题，引领学生展开实验操作。教师让学生带着疑问进入实验，没有对学生疑问进行讲解，学生只有依靠小组分析、对比实验现象和结果。这样的留白，激发了学生的积极性，学生主动参与实验，找到最佳答案，课堂教学效果明显。

三、在课堂结束时留白

1. 巩固训练拓宽思考空间

在生物课堂上，学生理解是基础，同时巩固训练是学生能力提升的关键。教师在进行巩固训练时，要选取代表性题目，但并不是每一道题都必须讲解。对习题进行分类，对于相对简单的题目，采取让学生自己解决的方式，请会的学生给其他学生说说思路。这样，学生不仅知道怎么做，还知道怎么讲，拓展了学生的思维能力，有助于全面提高学生的学习主动性。

2. 课堂小结彰显教学反思

俗话说："编筐编篓，重在收口。"目前多数教师在导入环节进行多方创新，下功夫较大，但往往对课堂小结重视不够，常常教师自己收场，影响课堂教学的整体效果。鉴于此，教师应注意对课堂小结进行优化，把课堂反思时间留给学生。同时，通过多种手段或方法，使学生深刻分析自己，实现知识的内化，延伸课堂长度，促使课堂小结意味无穷，从而使得课堂教学结构完整，让学生有充分发挥的机会，为课堂教学画上圆满的句号。

对课堂小结进行个性化设计，可以运用归纳法、设问法或学生展示法。在学习"动物的行为"时，这节课的教材要求，教师帮助学生认识两种研究动物行为的方法，并在实践中学会运用。在课堂小结时，教师展示两个案例：第一个案例，摄影爱好者用摄影机拍摄老虎捕食的活动，研究老虎追击猎物的方法；第二个案例，观察猫头鹰对光的敏感程度，人为用光源对其活动做出干扰。教师让学生回答这两个案例分别用了什么研究方法，你是如何区别这两种研究方法的。学生立刻开始讨论、交流，纷纷发表自己的见解。学生都能说出观察法和实验法，同时讲出这两种方法的区别。观察法直接观察，不施加影响；实验法是人为施加影响。

教师将生物案例置于课堂小结中，提出问题，学生在分析案例的过程中，对教师讲授的知识进行内化、反思。这样的课堂留白是成功的，能够引起学生思维的共鸣，对进一步巩固学生认知发挥重大促进作用。课堂小结只有把学生引向深入思考，使学生对学习的内容有时间消化和升华，才是圆满的。

美术上的留白可以给人更多想象的空间，让人主动去发现美。在生物课堂上运用留白艺术，能够使生物课堂张弛有度，培养学生生物品质。教师针对课堂和学生实际心理在课堂导入、实验、小结、训练中进行布白，能够有效激发学生补白的热情，给学生留下广阔的学习空间，拓展课堂教学维度。

3
第三章

展叶：

温暖相伴，和美绽放

时代风起云涌，教育呈现出五彩斑斓的多元化。

从个人到集体，从简陋到丰盈，从青涩到优秀，这是我们对工作的希望，更是我们对生活的追求。我们常说，爱是教育的底色。但是，作为教师，又为校长，仅有爱完成不了教育的使命。教书育人，管理团队，需要爱与智慧的完美结合。明确的办学目标与清晰的育人理念是学校前进的航标。

爱心智慧管理，挖掘团队潜能，促进师生相长，创设和美校园。我们用脚印刻写事实，用事实矗立口碑，用口碑赢得希望。

学校"和美文化"的构建与发展

图1 "和美"文化石

　　位于板樟山北麓的珠海八中,高大的凤凰树挺拔葱绿,别致的生物园姹紫嫣红,泉水叮咚;幽香的白玉兰此起彼伏,一派生机盎然;一株不起眼的黄花梨树旁,静静伫立着两块刻有"和""美"的黄蜡石;新颖别致的"读吧"与形似白帆的阅读椅相映成趣;每间教室门口的作品园地承载着孩子们美好的梦想……满园的和美氛围让人心旷神怡,流连陶醉。

　　是什么让这所从过去一幢教学楼、几间课室、二十几位老师起家的普通初级中学发展到今天校园环境精致、师资力量雄厚、社会声誉良好的优质学校,让每个八中人脸上洋溢着自信而灿烂的笑容呢?

　　优秀的学校一定有自己明确的办学理想。珠海八中历任4位校长,都与同仁一起,把清晰的办学理念和办学思路转化为办学思想和办学实践。24年平静但不平凡的发展历程,学校发生了翻天覆地的变化,"和美教育"逐渐担当起学校的文化内核与精神引领,牵引着全体师生创造人与人之间互相开放、彼此关照的"和美世界",这是教育追求的最高境界。

一、"有温度"的学校管理是"和美教育"的品牌基础

学校管理是保证学校正常有序运转的必要条件之一，是学校品牌的基石。

"人人都是管理者"，珠海八中的管理一靠制度，二靠文化。文化意味着认同和自觉。在这里，任何事都不能校领导说了算，而是道理说了算，要有利于事物的发展，有利于学生的发展。尊重、相信、依靠八中人，八中人不单指老师，还包括学生、家长、社会（关联周边社区单位和群众）。每个人都可以为学校发展提出自己的想法和建议，一经采纳将在合适的场合向大家予以说明。校长办公室门口设有校长信箱，给不想露面的学生留下表达自己想法的途径；校长QQ信箱，从教师们最初欲言还休的只言片语到如今长篇大论的建言；行政干部的大门向所有师生敞开，也给畅所欲言留下了宽敞的空间。年级组和学科组扁平化管理，每位年级主任和学科组长有对重大事务处理的话语权和决策权。

图2 组织教师集体活动

学校中厅"阅读吧"向全校师生发起征名活动，最后花落邹冬梅老师的"读吧"，学校将该取名意图及教师名字放到了"读吧"最显眼的位置；怀孕的老师及运动受伤的同学如厕看似小问题，但每层楼专门为他们增建的坐厕如一道阳光暖人心扉；孩子们钟爱篮球和足球，便在校园跑道内侧给各班配置了球类"集装箱"；学校组建了"维修QQ群"，水龙头、电线、电话、电脑、灯管、办公柜、玻璃窗，每一个发现问题的人都可以及时"报料"，维修人员随时待命、随时出动。

二、"感悟体验式"的学校德育是"和美教育"的品牌保障

教育是对人的灵魂的教育，而不是知识和认识的堆积，好教育需要创设多种情境感悟与活动体验，让学生在具体的情境中得到锻炼，促进品德形成与发展。

图3　教师培训沙龙

珠海八中的德育以学生的终身发展、心理发展、情商发展为最高目标，并根据长期的德育工作实践，归纳出"四三三三原则"。"四有"为目标，即有理想、有道德、有文化、有纪律；"三教"为中心，即以社会主义核心价值观为中心的价值观教育、以爱国主义为中心的思想教育、以《中学生行为规范》为中心的品德教育；"三寓"为渠道，即寓德育于各学科教学之中、寓德育于各项活动之中、寓德育于社会实践之中；"三建"为保证，即德育活动的制度建设、德育活动的队伍建设、德育活动的基地建设。

每年的9月1日，全体师生愉快地踏进校门，在开学典礼上庄严地宣誓。学生们在老师的带领下，精心策划并布置自己的"和美"课室，有书画、手抄报、照片、手工编织等，将欢笑、团结、感动、留恋布满每个角落。艺术节、体育节、科技节，师生同乐同趣。组织清明祭扫、禁毒所参观、法庭听审、海岸线志愿者清洁、福利院服务等活动，走出校门，走向社会，让师生聆听不一样的声音，感知不一样的环境。组织"吾爱吾师""亲情日记""岁月投资大规划""人生价值大拍卖"等活动，使学生在心理专业课上得到反思与成长。14岁集体生日礼、教师节感恩敬师活动、隆重的初三毕业典礼等活动，师生共同商榷并实施方案，增强活动仪式感，让师生在富有仪式感的活动中体悟，在

植入仪式感的生活细节中成长，在蕴含仪式感的文明偶遇中提升，在饱含仪式感的心灵感应中升华。

三、"高效课堂"的教学研究是"和美教育"的品牌内涵

近年来，珠海八中一直走在提高课堂教学效益、关注学生学习方法指导与学习能力培养、让学生成为课堂主体的"高效课堂"研究之路上。

珠海八中在教学改革研究中将思维导图视为一种教学方法，利用其思维可视化支架的典型表现形式来增强教师备课的框架意识和归纳梳理能力，有助于教师建立知识体系，有利于教师整合学习策略、组织课堂教学。同时，作为一种学习策略，利用思维导图的放射性结构能够有效地帮助学生进行知识的管理，便于学生学习、思考、梳理及解决问题，使其思考过程可视化，注意力、记忆力、启发联想力和创造力等得到增强。

在开展小组合作时，按男女比例、学业水平、能力倾向、个性特征、社会家庭背景等方面的差异对学生进行分组，组织学生进行组内异质学习、同伴互助，使小组成员彼此协助、相互支持、共同合作，在提高个人学习成效的同时，提高组内整体学习氛围，从而形成良好的群动力场。

将思维导图与小组合作进行综合运用所构建的高效课堂，以学生为本，尊重学生的自主性、创造性，把学生从传统的"认知体"提升到"生命体"的高度，始终关爱学生的成长、发展。这样的课堂，再现的是师生"原汁原味"的生活情景，是师生生命的一段独特经历，追求的是教学的真实自然，以教学活动中师生、生生的多重组合，教学环境的不断变动来推进教学进程，进行学法指导和对学生学习能力的培养，提高学生学习效率。

四、"素养和实践类"的校本课程是"和美教育"的品牌灵魂

为更好地实施"和美教育"，珠海八中人不断探索，不断研发校本课程。目前主要有"科技实践小课题研究""珠海人文历史简说""心理健康与职业生涯规划"三大类校本课程。

科技实践小课题研究课程主要是转变教与学的方式，培养学生的科学精神、创新思维、实践能力和社会责任感。每年在初一年级学生中开设关于科技实践活动的校本课程，从课题的选取、研究方法的选择与运用、实施的步骤、

资料的收集和整理、研究报告的撰写等方面指导学生学习和研究，并通过一年一度的校园科技节，举办优秀科技小课题研究成果展。

实践表明，通过小课题研究，有效地激发了学生学习科学的兴趣，帮助学生了解科学探究的基本过程和方法，获得进一步学习和发展所需的科学基础知识和基本技能；使教育更加关注学生的人格养成和情感体验，注重学生的全面发展；充分引导学生全方位地认识社会，关注社会发展和人类生活质量，培养学生的合作精神、社会责任感和创新意识，引导学生学会学习、学会生存，更好地适应现代生活。而老师们也在有效指导学生的实践活动中实现了自身专业的持续发展，教育教学智慧得到了提升。

图4　学校"八度空间"STEAM实训基地

从2007年至今，我校参与小课题研究的学生超过3000人，共有500多项课题立项。其中，优秀小课题研究成果超过180个，获得省、市、区青少年科技创新大赛奖项80多个。

珠海人文历史简说课程主要让学生了解更多的珠海历史，将来更好地建设发展珠海。每学期成立历史兴趣小组，探讨珠海的历史，研究珠海的历史人物，参观珠海的遗址古迹、名人故居，了解珠海的风俗习惯、非物质文化遗产等。在学校的文化长廊里，有比较详细地介绍珠海历史的板块，内容包括珠海的历史变迁、珠海名人录、珠海遗址古迹、珠海名人故居、珠海风俗、渔女传说等。每到新学期，班主任都会组织新生参观、了解珠海的历史。

心理健康与职业生涯规划课程旨在引导学生发现自己的智能强项，在对个人和内外环境因素进行分析的基础上，确定一个人的事业发展目标，并确定自己的人生理想。"我是谁""知己知彼""记忆的奥秘""岁月投资大规划""我的未来职业设计""开发潜能""智力训练"等课程深受学生欢迎。

另外，学校每周都开设社团第二课堂活动，如体育类的篮球、足球、网球、田径队、射箭，美术类的绘画、编织，音乐类的器乐合唱，学科类的地理、生物、历史、语文、英语、数学等，给学生们提供了多样化的活动。有选择的人生才是快乐的人生，珠海八中有如此丰富的课程供学生选择，学生自然学有所乐、学有所长、学有成长。

图5　八中校门美景

"各美其美，美美与共""和衷共济，和而不同""为教师幸福人生铺路，为学生幸福人生奠基"。如今，校领导班子带领八中人，正努力践行共同的教育理想和信念，用青春和热血演绎精彩纷呈的"和美教育"，谱写温暖的教育篇章。

心理健康教育助力学校德育工作发展

党的十八届三中全会通过的《中共中央关于全面深化改革的若干重大问题的决定》提出："深化教育领域综合改革。全面贯彻党的教育方针，坚持立德树人，加强社会主义核心价值体系教育，完善中华优秀传统文化教育，形成爱学习、爱劳动、爱祖国活动的有效形式和长效机制，增强学生社会责任感、创新精神、实践能力。"从中可以看到，立德树人是教育的根本任务，教育必须把德育放在工作的首位。

目前，我国正处于社会转型期，社会上各种激烈的竞争、难以明辨真假的媒体报道、家庭对孩子的升学要求、孩子自身青春期独特的心理和生理特点等，都给青少年带来前所未有的心理冲突，容易产生躁动不安的消极情绪。德育工作者如果不从孩子的心理特点出发，仍然采用传统的训导方式，必将严重影响德育工作的实效性。

从社会到学校，人们已经逐步重视"心理健康"教育在培育优秀人才中所起的关键性作用。我国已有越来越多的专家学者开始重视中学德育工作中的心理健康教育，大量一线德育工作者提出了整体构建德育体系的思想，对在德育工作中如何加强和改进心理健康教育提出了许多建设性的意见和操作方法。本人从事教育工作二十几年，见证了学校心理健康教育从无到有、从有到专业的良性发展和变化过程。同时认识到：心理健康教育在德育工作中起着重要作用，支持和关注心理健康教育在学校的发展，将使学校德育工作的实效性事半功倍。

一、当前德育工作存在的问题

1. 重说教，轻体验

目前德育工作形式还比较单一，主要采用"口头说教式"。升旗仪式、各种会议、班会课、学科渗透德育等，主要以宣读文字稿来表达教育意图。学生要遵守什么规则、不能违反什么纪律，从入学讲到毕业，内容和形式的一成不变容易让学生产生"学习疲劳"。有些学校要求学生背诵行为规范和学生守则，背不出来要罚抄，这也容易引起学生和家长对学校的不满，导致抵触情绪，从而与教育意图背道而驰。

2. 重思想教育，轻心理健康疏导

大多数人认为，德育工作就是对学生进行思想教育，如果学生犯了错，就是思想有问题，轻则警告，重则处分，请父母到学校来"过堂"；学生早恋，就是道德品质问题，写检查、保证书，请父母监管行踪。孩子成长的过程中，都有犯错的可能性，特别是青春叛逆期。压还是堵？堵还是疏？如何疏？这都需要科学的方法和观点，从学生生理变化和心理发展角度来思考方法与策略。

3. 重反面教育，缺乏支持和鼓励

现行社会很流行"学霸""学渣"新生词，想必"学霸"自身、父母、老师、周围朋友，都以拥有这个头衔而高兴！而所谓"学渣"，从此过上了"暗无天日""自卑到底"的苦难日子。是谁催生了这些名词的产生？可能很多时候来自学校：学校用成绩作为衡量的唯一标准，成绩优等生大会小会表扬，成绩差的学生自然就是"坏"学生，甚至遭受冷眼和歧视。而成绩差又屡次犯错的学生更是双差生，关爱少、讥讽多，常常被当作反面典型广而告之。长期下来，其自尊心受到严重伤害，就会产生反抗和报复心理。

4. 忙于"救火"，缺乏"失火"前的主题教育

德育干部们很忙碌。今天可能是学生滋事打架，明天有学生离家出走，后天有学生与老师发生正面冲突。上千名的学生，每天都上演着精彩的故事。大多数德育干部每天都如履薄冰，提心吊胆。反思我们的工作方式，可能更多停留在发生问题后的"救火"状态，缺乏对事情发生的预见性和制定有效的防范措施。

二、目前学校心理健康教育工作现状

国家和政府对中学实施心理教育作出了明文规定，将心理健康教育纳入我国学校教育体系中，成为我国学校教育的重要组成部分，心理健康教育正受到越来越多的关注和重视。虽然心理健康方面的理论成果越来越多，但运用这些理论成果开展工作的学校少之又少。学校之间、地域之间工作发展差距较大。

1. 学校重视程度不够，有待提高

由于长期受应试教育影响，导致学校的重心工作仍以升学率为主，重视分数的作用，对于学生的品德修养、心理健康教育仍多停留和止步于理论层面，对学生心理健康与否关心程度不够。学校对心理健康教育总体投入不足，虽然建有心理健康教育的专门工作室，但设施设备简陋，测量工具严重匮乏。有些学校由于学科人员紧缺，出现了让心理健康教师上政治课的现象。我校有专业心理教师一名，担任班主任工作，上心理健康专业课。由于工作量偏大，虽然能正常开展心理健康课程，但对年级和班级内心理状况较差的学生或学生家长进行课外咨询和辅导就显得力不从心。

2. 缺乏高素质师资队伍

心理健康教育是一项专业性、操作性很强的工作，它要求工作人员必须具备很高的专业水平，达到一定的资质。但现实状况是有些学校专业人员配备不够，将心理健康课程安排给团队干部、班主任来担任。没有经过系统专业培训的老师，不懂得心理辅导策略和技巧，由于疏导方法不当，可能还会导致学生心理问题产生。在《内陆农村学校心理健康教育存在的问题及对策》（刘宗发）调查报告中显示，在所调查的735所学校中，有心理健康专职人员的只有235所，占调查学校总数的31.97%。数据显示，目前中小学心理健康教育的师资力量太薄弱，师资水平远远不能满足工作需要。

3. 心理健康教育德育化倾向

心理健康教育是一项专业性很强的工作，是德育的组成部分，却不可以与德育画等号。有些学校由于认识不足，首先，存在没有准确定位心理健康教育，认为凡德育干部如班主任、德育主任或者团委书记、政治教师就都可以从事心理健康教育。其次，没有正确区分德育与心理健康教育的界限，认为学生所有的行为偏差都可以归结为思想品德问题，套用德育的方法和手段就可以解决问题，甚至认为德育工作可以代替心理健康教育。

4. 心理健康教育的形式单一，片面强调学科化

在实施心理健康教育过程中，有些学校片面强调心理健康教育的学科性，认为心理健康教育就是上心理课，只关注老师是否把心理健康课上完。学校心理健康教育有很多非知识的内容，需要学生通过实践活动、测量工具才能获得过程性的体验，但学校给予的空间和机会都极其有限。

5. 片面夸大"心理问题生"的严重性

在我们身边以及各种媒体上，我们时常会看到有关中学生因心理问题而导致悲剧发生，这每每让教育工作者担忧而对未来产生悲观失望的情绪。随着社会的发展，中学生心理问题客观存在，但还没到耸人听闻的严重地步，我们要客观正确地认识当前学生心理问题，而不要盲目看待一些数据和报道。

6. 家长对心理健康教育重视程度有待提高

现在的家长对孩子的生活照顾得无微不至，但由于升学的压力，对孩子关心的重点更多是考试分数。当成绩不够理想或者出现一些行为习惯上的偏差时，往往没有从心理上进行疏导，容易动怒，轻则批评，重则打骂。当孩子出现心理问题时，由于没有正确的心理健康观，受传统观念影响，他们或者忽视或者视之如洪水猛兽，因此错过对孩子最佳的治疗时期。

7. 学生缺乏对心理健康教育的认识

由于人类本身的复杂性及家庭遗传性，总有些孩子存在高发心理疾病或心理障碍的可能性。当问题出现时，缺乏心理健康知识的孩子往往会被周围师生所耻笑和排斥，导致病情更加严重。而存在心理疾病的孩子，又不懂得如何去处理，往往排斥老师提供的帮助，不愿意与老师沟通，致使拖延甚至错过了心理问题治疗的最佳时机。

三、心理健康教育与德育的关系

1. 心理健康教育是德育的重要组成部分

国家教育部颁布的《中学德育大纲》明确指出：德育即政治、思想、道德与心理健康教育。中学生心理健康教育是德育工作中的一项重要内容，是新形势下德育工作形式的延伸和补充，二者关系密切。

2. 德育目标与心理健康教育目标一致性

《中学德育大纲》强调指出，德育工作目标包括思想、政治、道德品质、个性心理素质和能力等方面。其中，心理素质和能力方面的工作目标是：对学生进行自尊自爱、自强自立、开拓进取的教育；健康生活情趣和健全人格的培养教育；青春期心理健康、友谊、恋爱、家庭观的教育和行为指导；坚强意志品格和承受挫折能力的培养训练。

心理健康教育总目标中针对初中年龄段而制定的具体目标是：培养初中生

自重、自爱、自尊、自信的独立人格及对自我与对外界的评价能力，能以积极心态面对学习、生活压力和自我身心所出现的变化。而教育的主要内容包括学习心理教育、情感教育、意志教育、人格教育、人际关系教育、心理卫生教育等。

将德育目标和心理健康教育目标对照分析，其共同之处在于：其一，两者的终极目标是一致的，都是要培养良好心理品质的学生，从而最终塑造高素质的人才；其二，从工作开展角度来看，都是从思想认识、情感、意志、行为等方面入手。不同之处：心理健康目标从属于德育的总目标，它是德育总目标中的一个面，着重从"心理"这一面反映德育的总目标与要求。

3. 心理健康教育与德育工作两者相互促进

心理健康教育重在育心，提高人的心理素质；德育重在育德，提高思想觉悟和道德品质。良好的心理素质是优良道德品质形成的关键；而良好的思想觉悟和道德品质又会促进中学生心理素质的提高。

要培养学生良好的思想品质，就必须把德育与心理健康教育结合起来，以心理健康教育为基础进行德育改革。

4. 心理健康教育与德育工作两者之间存在差异性

德育和心理健康教育两者有共性，但两者之间也存在着许多差异。德育工作的核心是学生世界观、人生观和价值观的形成，目的是培养学生良好品行，采用的教育方式强调灌输、示范、陶冶、实际锻炼、评价；心理健康教育的核心是学生心理成长和发展，目的在于培养学生良好的心理品质和健全的人格，在教育方式方法上强调心理辅导、咨询、治疗等技巧策略的运用。

初一（4）班班主任找上门来，着急地反映：班级有名看上去一直很乖、有些内向的男生屡次到学校小卖店偷食物，被小卖店老板娘投诉，全班同学都议论纷纷。如果按传统德育的工作处理方法，我们可能会严批学生，告知家长，学校处分，全班进行大讨论……

如果用心理健康教育的理论和方法指导工作，我们可能会与孩子、父母、班主任交流，了解孩子的个性特点，分析孩子的家庭背景和朋友圈，寻找事情背后可能存在的家庭、孩子心理、朋友对他造成的影响等因素；通过与其父母、老师沟通，商讨如何帮助孩子而非指责孩子。随后学校联合家长，继续关心孩子的需求，将对孩子的负面影响降至最小，帮助孩子改正缺点，鼓励其面对困难……

所以，德育教育与心理健康教育两者不能相互替代，而应该有机结合，相互渗透，共同发展。

四、中学德育工作与心理健康教育有机结合的策略

1. 转变观念，建立健全心理健康教育组织机构

要有效开展学校的心理健康教育，首先，政府要做好心理健康教育的宣传工作，加强对心理健康教育工作的领导，提高学校领导、老师、家长、社会对心理健康教育工作重要性、必要性和紧迫性的认识，建立强有力的心理健康教育组织机构。其次，各级教育行政部门要将心理健康教育工作列入年度工作计划，纳入学校督导评估指标体系之中，教育督导部门应定期开展心理健康教育专项督导检查。教育部将适时开展中小学心理健康教育示范校创建活动。最后，处理好心育工作和德育工作的区分，建立科学的心理健康教育组织机构，如心育工作，一级部门应该是心育机构，如校心理咨询室等，二级部门为各班班主任和德育干部，三级网络应该是各班设置的学生心理咨询员。

我们应该把心理健康教育工作以"矫治为主"的观念改变为以"预防为主""发展为主"，把更多的时间和精力放在研究如何防患于未然上更有价值。

2. 加强师资培训，扩大学校心理健康教育队伍

加强师资培训，健全师资队伍，提高广大教师的心理健康水平，是保障心理健康教育正常开展的重要条件。从目前现状来看，从事心理健康教育和德育工作的两支队伍在人员结构上存在交叉与重合，学校要重视德育工作者的心理健康教育培训，可以短期连续培训的方式进行（如心理A、B、C证学习），让他们掌握基本的心理健康教育方面的知识和技能，持证上岗，充实心理健康教育队伍。

另外，由于班主任特殊的教育者身份，学校更要加大对班主任队伍的培训力度，转变班主任的管理思想，加强他们现代教育和心理科学知识的学习。特别要了解掌握青少年生理和心理发展特征及规律，尊重学生个体差异，掌握心理健康教育的必备知识和技能。从过去"纪律监督""政治说教""活动保姆"的角色中解放出来，改变高高在上的说教作风，用平等信任的眼光看学生，用爱心去感化学生，用人格力量去影响学生，用平等宽容的方法去教育学

生，用友好真诚的言语去激励学生。

3. 完善设备，提高科学化手段和硬件设备

按照教育部《中小学心理辅导室建设指南》（教基一厅函〔2015〕36号）要求规范心理辅导室建设。心理健康教育教师要通过开展个别辅导和团体辅导，指导帮助学生解决在学习、生活和成长中出现的问题，排除心理困扰。心理辅导是一项科学性、专业性很强的工作，心理辅导室是心理健康教育教师开展个别辅导和团体辅导，指导帮助学生解决在学习、生活和成长中出现的问题，排解心理困扰的专门场所，是学校开展心理健康教育的重要阵地。心理辅导室应配备相应的辅导工具，如中学生心理健康测验系统、沙盘等，有条件的学校还可以配置专门的团体心理活动室，为师生提供心理开放的空间。

4. 多渠道发展，拓展心理健康教育途径和方法

其一，学校专门开设心理健康教育课程，将心理健康教育始终贯穿教育教学全过程。其二，全体教师都应自觉地在各学科教学中遵循心理健康教育的规律，将适合学生特点的心理健康教育内容有机地渗透到日常教育教学活动中。其三，心理健康教育可与班团队活动、校园文体活动、社会实践活动、心理健康讲座、网络平台等形式相结合，多种途径开展心理健康教育。比如，学校每年5月心理健康活动月开设心理健康教育专场活动，内容包括"拥抱青春"青春期教育、心理沙龙、心随影动等活动。

5. 家校及社会协作，共建心理健康教育网络

心理健康教育是一项全面系统的工程，需要学校、家庭、社会等各方面共同努力。

在学校、家庭、社会三者结合的心理健康教育网络中，首先，发挥学校的主导地位与指导作用，并积极寻求学校与家庭同步实施心理健康教育的渠道。学校是主体，教师是主体，家长也是主体。学校利用家长学校，指导家长转变教育观念，了解对孩子实施心理健康教育的方法并注意自身良好心理责任的养成，构建健康和谐的家庭环境，以正确的言行举止和处世方式影响与教育子女。如邀请校外心理教育专家曹泽能老师给家长们做培训，教家长们亲子沟通方法；校长做《在这坚硬的世界里，修得一颗柔软的心》亲子教育讲座，分析目前我们学校孩子存在的问题及解决困难的对策。其次，学校利用网络和短信等手段进行信息交流，根据学生不同阶段的发展特点给家长提供促进孩子发展的指导意见，协助他们共同解决孩子在发展过程中的心理问题。

在实际工作中发现，校外教育也有非常不错的心理健康教育资源，值得我们开发和利用，如基层群众性自治组织、企事业单位、社会团体、公共文化机构、街道社区及青少年校外活动场所等，都可以联手组织开展有益于中学生身心健康的文体娱乐活动和心理素质拓展活动。例如，与珠海帮达心理机构联合开展初中生青春期讲座、就业指导规划讲座等；联系社工服务，针对"心困"生进行心理辅导和家庭治疗；对于学校没办法解决的学生心理问题，应及时交给相关心理辅导机构进行专业的心理治疗。

增加学校与学校之间的交流和联系，共同促进校园心理健康教育活动的开展。学校鼓励专兼职心理健康教育教师进行听课和学术交流，在不断的学习和交流过程中完善学校的心理健康教育网络，更好地促进学校心理健康教育工作开展。

信息化建设助力学校优质发展

当今社会信息化发展日新月异，校长信息化领导力水平将决定学校发展的方向与出路。为提升校长信息化办学领导力、策划力和创造力，继而打造具有创新精神的领导班子，推进学校教育信息化建设，校长信息化领导力提升专项研修学习应势而生，是校长上岗必修的一门课程。

炎热酷暑，挡不住我们学习的步伐。80名来自广东各地市的校级领导干部齐聚广东第二师范网络教育学院，共同聆听信息化专题讲座。课程有理论层面内容的学习：广州大学曹卫真教授讲授"中小学校长信息化领导力标准解读"，天河区教育局容梅主任讲授"交互技术中促进教与学变革"，南海中学谢虎成校长讲授"信息化环境下学生学习方式的变革"，赵建华主任讲授"基于核心素养的能力导向教学：从理念到实践"；也有科达迅飞信息技术科研公司最新研发项目的简介"人工智能技术助力学校教育信息化发展"。但最令学习者心仪的内容分享，仍然是来自学校第一线的心声：江玉军主任讲授"广州六中教学和管理信息化案例及反思"，林黎华校长讲授"互联网+核心素养培养，生态九七在路上"，陈兆兴校长讲授"做有思想的行动者——对学校信息化建设的实践及思考"。

与专家学者近距离面对面，既有理念熏陶，也有方法传授；既有经验分享，也有体会交流。短暂的培训带给大家满满的收获，给我们带来一份丰厚的开学见面礼。浅言薄语记载着被点燃的思想火花，期待星星之火可燎原校园……

一、困惑·迷茫

谁都不能否定，当今信息化建设对社会发展的促进作用，对人们生活质量的改变，对教育发展的助推力。然而，新技术太多，我们很迷茫！

新技术对社会各阶层的冲击都非常大，但如何让信息技术更有效地与教学融合？信息技术如何服务于学校的各项管理工作？我们的课堂教学如何搭上信息技术这列快车？前有"粤教云""翻转课堂""慕课""班班通"，后有"微课""智慧课堂"，最终还将出现什么样的信息技术与教学相融合的课堂，我们一直在摸索，也不断在观望；一直在适应，也不断在进步。但频繁变更的技术，让人目不暇接，不仅让学校管理者深感迷茫和困惑，也让实操的老师们颇多疑问：到底哪项技术最好？到底哪项工作最有实效？变化何时是尽头？

二、更新·思变

曾记得，上大学时的信息技术课上，有永远学不明白的电脑编程；刚工作时，学校只有一台电脑，没有电脑的，自己敲打纸质键盘练习五笔输入法；上公开课时，请信息组老师帮忙做PPT……

看如今：电脑、网络全覆盖校园办公和学习场所，老师们已能熟练制作和应用PPT等多媒体手段上课，学校的"智慧课堂"准备尝试远程教学互动，办公OA系统实现无纸化高效办公……

你信与不信，信息时代都已经到来！你在或不在，设备已经出现！你学或不学，新技术都将取代老方法！因此，更新与思变必将是这个时代的最强音。而本次的学习首先便是校长们一次理念更新、提升的过程。校领导们必须充分认识到在信息化工作中自身的义务和责任：校长的信息化领导力是其核心能力之一，是校长专业发展的应然内容。校长是工作的践行者和带头人，应履行规划、设计、组织、实施、评价和推动学校信息化工作的专业职责。因此，校领导应当加强学习和修为，组建信息技术团队，为学校信息化建设制定近期、中期、长期规划，并分步组织实施。

三、比对·反思

学习过程中，认真听取专家和老师的讲座内容，比对我校在信息化建设中存在的现象和问题：

（1）我校是第一批广东省"粤教云"实验学校。2016年项目引进时，学校建有两间专业课室，全校老师都进行了实训，不少老师参与了"粤教云"实验研讨课。在2015年、2016年，学校有一批优秀的老师获得"一师一优课，一课

"一名师"优质课评比部优、省优、市优等荣誉，先进的设备确实为课程增色不少。虽然可供"粤教云"上课的设备少，老师们上课都要排期，但新颖的电教设备、整洁的环境、与学生互动环节的直观性，都给老师们带来了全新的教学体验和感受，老师们热情高涨，信息技术与教学融合声音达到空前"分贝"。但随着时间的推移，由于设备做不到配置到各班，老师们不能将"粤教云"教学环境变成一种常态课堂，那间特定的教室便一下子寂静起来。老师们似乎又回到了最原始的教室，回归到使用最简单的多媒体上课手段。师生人手一台平板电脑（PAD），肯定能增加师生互动、生生互动，提高教学效果，但目前普及性问题以及PAD使用方对学生的不可控性，使"粤教云"教学进入了一个瓶颈期。

（2）翻转课堂、微课制作普及性欠缺，没有将资源充分进行整合，老师的智慧成果多限于参赛，学生积极性和主动性欠缺。有此意识和行为的老师，也多处于"单干"状态。学校老师制作的大量课程资源还没有实现学生课前、课后共享，离"无处不在的学习环境"相去甚远。

（3）学校的办公管理手段还比较凌乱。现有工作平台主要是QQ形式：教职工工作QQ群、维修工作群、年级工作群、科组长工作群、班主任群、行政领导群。电讯端：校讯通。日渐兴起的有微信群、微信公众号。各种联系方式名目繁多，眼花缭乱。学校要找寻文件、老师要查找个人工资、老师请假、班级查找过去原始评比资料等，都很麻烦，甚至在现有管理方式中不能直观呈现。

（4）部分老师思想守旧，不愿意接受新生事物，不想改变原有的教学方法，对新方法新设备有抵触情绪。

（5）学生乐于接受新生事物，但由于设备的"防火墙"设置强度不够，学生可能会在使用设备时"跑题"、开小差，使教学达不到最理想的效果。

四、建构·规划

专家们的讲座带给我很多新的思路和启发，对照学校实际工作，与学校信息老师及领导们一起思考解决困难的办法。

（1）制定学校的信息化建设蓝图，有计划、有措施、分步骤，加强监督与落实，有序推进学校信息化建设与发展。

（2）请专业人士给学校信息化建设把脉，提供专业化的意见和建议，不盲从，不迷信。选用适合学校发展的合理化方案，如办公OA系统、智慧课堂远程教学交流、德育管理信息化软件开发及应用。

（3）加大学校老师的培训力度，召开专题讲座，加大实践学习。请进来，让专家带来新思想、新理念、新技术；走出去，在外出观摩和学习中体会技术与设备的实际应用价值。

（4）加强教学与信息化手段融合，让教师的智慧能真正服务于学生的学习。

（5）加强对学生信息化手段学习的培训，提高学生健康使用信息技术的自律性，改进学生端设备的合理化使用。

（6）加强与家校联系的信息化平台建设，提高效率，增进与家长的沟通和交流。

成就教师是新时代好校长的使命

这次你我相遇怎能忘记？闭上眼就会想起！

对过往的思考，对未来的憧憬，对美好的向往，对事业的承诺……思想碰撞的星星火花，聚集，升腾。4月，在京城的"求是厅"，光芒四射，耀眼无比！

——题记

一、相 遇

由香洲区教育科研培训中心组织，2017年新上任的50名校长赴北京参加"第四期教育创新与校长领导力提升基础研修班"学习。北京！无数次培训让我们不陌生却永远心生敬畏之地，这次又将带给我们怎样的回忆？

图1　学员合影

一天的舟车劳顿，我们似乎穿越了大半个北京城，向偏远的大兴区前进。天色渐暗，车内的小伙伴们从窃窃私语到情绪激动，只听见耳边不停响起手机拍照声。放眼望向车窗外，一丛丛一簇簇花开满人行道、绿化地，假的还是真的？我们不敢相信是真的，但那些是千真万确的花！当南国已是春潮滚滚向夏日奔腾时，京城的春花绽放还正当时。杏花李花桃花海棠花，知名或不知名的各色花抢占我们的眼球，姹紫嫣红，鲜艳夺目。疲惫一扫而光，第一波冲击波已将众人俘虏。

入夜，学员们三三两两结伴在国家教育行政学院校园里散步。花前月下，聊着刚接手的学校现状，聊着工作中面临的困惑，聊着举棋不定的迷茫。也许你的学校只有五六百人，也许你的学校是所小学，也许你的学校是所优质学校，也许你的学校正百废待兴……不同的学校背景却聊着同样的话题：如何做好学校工作！过去中小学校校长相隔那么遥远，除了开会见个面，基本没有机会坐在一起讨论工作，有些校长的名字和人都对不上号。此刻，为着同一个目标、同一个梦想，带着满腔的热忱、满怀的期待走在一起。彼此珍惜这次相遇，共同期盼开启的这扇大门能够为我们点亮一盏明灯，指明工作前进的方向。

二、碰 撞

一大早来到求是厅上课，而杜绍基老师来得更早，伴着轻音乐正忙碌着！抽签分到第五组，我与来自山西大同、河南郑州等地共8位小伙伴组成了新的学习团队。学习班的班委想得很周到，学习手册、会务手册详细而周全。打开笔记本电脑，伴随着嘀嘀的键盘声，跟着杜老师广东口音的普通话，开始了头两天的学习旅程。

图2 杜绍基老师的主题讲座

"谁是彼得·德鲁克？为什么要学习领导力？领导力观点的误区在哪里？

你现在处于领导者五个层次中的哪个层次？如何提高领导力？如何激励自己的员工？如何赢得追随者的信任？……"如果当初自己还抱着来学习就是来放松的心理，现在则是完全被杜老师精彩纷呈的授课内容吸引，在"抽中号码"需限时答题、小组接龙、各组推荐学员参与PK等多种学习形式并举下，大脑飞速运转，精神高度集中，学习效率非常之高。

站在德鲁克大师的肩膀上，杜老师给我们推送的经典语录掷地有声，入心入脑：领导者的工作是释放员工的能量；领导者的位置可能是被授权的，人们跟随你是因为他们不得不听从，但人们最终认同、肯定、尊敬、忠诚地追随你，是需要领导者以身作则，依靠自己的努力争取和赢得的；领导力是关于如何做人，而不只是如何做事；绩效本身就是激励，帮助员工实现个人价值与成长，这本身就是对知识型员工最好的激励；责任止于此——勇于担当……

两天的学习，到结束仍然兴致勃勃。深夜的案头，用手机记录两天的学习心得体会，与近在咫尺的学员们分享收获，与远在他方的家人们分享喜悦。

第三、四天的课室，仍然学员满座。各个小组的位置都进行了调整，我们第五组从后排调到了前排。小小的举动却体现了对学员听课的"公平性"，令人心生暖意与信服力。彭信之老师，资深却显年轻和活力，语速和他的思维一样快而跳跃，思路清晰，因来自深圳而让大家自然拉近了距离。"校长的六项核心管理技能"主题讲座，以体验式教学为主。无数次头脑风暴对答，模拟深度倾听，欣赏式面谈，强制排序制订工作计划，给"亲爱的他（她）"写感谢信，制订"教育创新与校长领导力提升班"行动计划并分享交流，最终评定优秀学员，教与学环环相扣，一气呵成！理论与实践结合，让学员们在学习中体验，在体验中领悟与反思。

仍旧站在德鲁克巨人的肩膀上，彭老师分享成为好校长的"配方"是：行是知之始；践行"要事第一"的工作原则；建立富有激励的校园氛围；学会深度倾听；学会表扬欣赏他人，爱要大声说出来！彭老师让熟悉的你、陌生的他，在最美的风光里，通过一封信的形式传达着彼此的欣赏和赞美，不期而遇的温暖和感动在身边流淌。夜色渐浓，学员们的学习仍在进行时，做计划，写方案，两人一组，三人一群，只有专注才能专业。课上课下，组内组外，我们都全身心投入这种体验式教学中，也感受着挑战带来的快乐。

敲着键盘，流水账式记录着两位老师幽默、精彩的语言片段，案例分析达二十多页；笑着倾听，同伴激烈的思想碰撞声；认真参与，小组互动交流，加班加点，完成小组汇报材料。4天的时光，在花开花落间悄然流逝。直到最后分享学员行动计划展示，聆听高水准专家点评才恍然，本期学员班线下培训画上了圆满的感叹号。

三、思 考

带着"如何成为一位好领导""如何管理好一所学校"的明确学习目的，我走进了培训班。而后，我在众多学习笔记、学习材料、案例分析中提出众多问题，并仔细梳理：

图3 带着问题学习

新任学校的优势在哪里？如今影响它继续高位发展可能的因素是什么？

个人的优势在哪里？应该加强哪些方面的修为帮助自己成为一位优秀的领导者？

教师们列举的哪些案例可以实行"拿来主义"？

……

（1）学校创办于1996年，历任3位优秀校长。他们勤勉，有思路、有想法，实干能干，带领学校在教育教学、教研、学生素质教育、校园文化等方面高位、均衡发展，在区属学校中有较高的声望。但随着教师年龄结构趋于老龄化，新建学校又发展迅猛，生源结构的优势下降等，都成为考量学校领跑者能力的因素。如何在现有条件下激发老师的工作热情，是需要管理者用智慧思考与决策的问题。

（2）能到新学校任职，是上级领导给予的信任与关爱，发自内心感恩而倍感珍惜。一如既往地保持对教育事业的追求，对工作的激情。为人正直、公平；以身作则，关爱师生，善用激励法调动团队积极性；关注团队建设与培养，避免出现专权与独权；尊重身边的每一个人，做有温度的管理者。

（3）课程中，杜老师的"海底捞"案例对我启发很大。当员工给企业提供好的建议，如就餐时给客人的手机套上手机套，公司就在手机套上绣上员工的名字，因此也让我牢牢记住"领导者的工作就是释放员工的能量"！让教师和普通员工都成为学校的主人，成为学校的领导，调动工作积极性。

彭老师的表扬他人案例给我很大的启示，当员工做对的时候，要表达欣赏与感谢，这也将是我努力实践与关注的地方。

四、承 诺

4月，不仅有春暖，还有花开。短暂的4天北京线下学习，收获的是理念、方向、顿悟和动力，是前行的智慧和力量！

学习班的微信群里依然热闹，时常收到学习班发给我们的学习"宝典"，老师继续在线上给学员们开展培训活动，每每收到，都如获真经般喜悦，逐字阅读。

回到工作单位，认真、仔细地把学习所收获的"经典语录"进行汇编，和行政人员、老师们共同分享与交流，希望学习的效益能最大化，影响团队中更多的成员一起成长进步，创建和谐、进取、阳光、积极向上的学校工作氛围。

附：

"教育创新与校长领导力提升班"行动计划

序号	目的	具体需要回答的问题
1	明确研修要点	您的行动计划是基于研修课程中的哪些要点（100字内） （1）高效能领导都是实践者，不单是指挥别人做，并且要自己将事情切切实实地做出来——以身作则 （2）传统火车的运行法则是：火车跑得快，全靠车头带；动车运行的法则是：每一节车厢都有动力 （3）绩效本身就是激励！帮助员工达成其工作目标，让他看到自己的价值和成长，这本身就是对知识型员工最好的激励

序号	目的	具体需要回答的问题
2	描述解决的问题	您的行动计划主要针对解决学校的什么问题（100字内） （1）学校创办于1996年，今年（2017年）是第四任校长。在学校发展的20年历程中，前三任校长锐意改革，努力进取，以创设适合教师和学生成长的空间为己任，建设有一支高素质的教师队伍，教育教学成绩和办学水平近10年都位居同类学校前列，是香洲区教育线的窗口单位。但长时间高位发展，学校正步入发展的瓶颈期，部分教师随着年龄增长出现一定程度的职业倦怠，居高不思变、不进步，如果不及时调整管理策略，学校将可能出现走下坡路的现象 （2）原归属于珠海市的3所主城区初级中学（紫荆、文园、九洲）今年回归香洲区，而近几年大批新建学校如雨后春笋般迅猛发展。如何发挥教师工作的积极性和主动性，保持学校一贯的"领跑者"优势和状态，是学校亟待思考的问题
3	制定行动目标	请结合研修要点和学校实际情况，按SMART原则及顺序，说明行动计划的目标（200字内） （1）加强校长率先垂范及引领作用，重构一支优秀、团结、奉献的干部队伍，打造和谐融洽、敬业爱岗、讲奉献的教师团队。干部队伍工作状态从目前的7分进步到9分，教师的工作状态从目前的6分进步到8分 （2）加强教学常规化管理，重点突出学科组建设，加快信息化与学科教学的融合培训。发挥学科组长、学科带头人、工作室主持人的专业指导和引领作用，加大对青年教师的培养。学校各年级各学科在各类考试中，三率（合格率、优秀率、平均分）名列全区前五名。中考考入珠海市一中的人数呈递增状态 （3）加强班主任队伍建设，打造一支对学生有爱心、耐心、细心的德育干部队伍。班集体学习氛围浓厚，团结友爱，学生文明有礼，班主任带领学生有序开展各项教育教学活动 （4）加强学生素质教育，加大体、艺、美、科技学科组建设力度，创设师生崇尚体、艺、美、科技的环境和氛围
4	阐述目标背景	详细说明本目标的背景资料，并阐述为什么选择此目标作为行动计划的目标（300字内） （1）珠海八中创办于1996年，2005年被评为省一级学校。学校近10年的教育教学成绩位于同类学校前茅，在业内口碑极佳。良好的师资队伍及相对优质的生源，是学校能继续高位发展的有力保障 （2）学校面临多年高位发展后的教师职业倦怠期。前有标兵，后有追兵，学校现阶段优势地位已日渐下降。长时间的优越感，让很多老师缺乏向他人学习的习惯，故步自封。加强学科组建设，加强学科领头羊的示范引领作用，形成团结合作的工作氛围，将有利于教育教学成绩和办学水平的稳步提升

序号	目的	具体需要回答的问题
4	阐述目标背景	（3）八中教师队伍尚属年轻，有活力、有干劲但经验尚缺，通过青年教师队伍专项建设和培训，提高教师业务能力和水平 时间期限：3年
5	明晰边界条件	本目标最低限度必须达到的目的是什么？也就是目标实现的底线，一旦低于这个底线，目标就确定为未达到（200字内） （1）学校各年级各学科在各类大型考试中，三率（合格率、优秀率、平均分）名列全区前五名。中考考入珠海市一中的人数呈递增状态 （2）师生能积极投入学校的艺术、体育、科技校本活动中，参与率不低于80%
6	沟通计划目标	这个目标和哪些人相关？你打算如何与他们交流以获得理解和支持（300字内） （1）目标和全体教职员工都有关，其中班子成员、行政干部和学科骨干是核心力量 （2）交流策略：①各部门负责人了解工作现状，查找存在的问题并记录、分析；②各部门负责人针对问题，初拟问题解决方案，并在不同类别的会议上进行集体商讨、决策，不断优化工作方案，以达到最佳工作效果为主要目的；③相关人员共同学习，达成共识，了解并学习分工与操作细则；④负责人牵头，带领相关人员稳步推进工作，并及时向相关部门领导及老师们反馈工作中优秀的案例，对工作中的突发问题要进行修正和改进；⑤工作结束，要向上级部门总结和反馈，并对好的做法和不足的地方在相关会议中开展总结与反思活动，从中吸取经验和教训，不断积累优秀的工作方法
7	落实行动计划	详细说明：我们需要做什么？谁应该了解这项计划？应该采取什么行动？由谁来采取行动？权责如何界定？需要投放什么资源？相应时间表如何设定（1000字内） （1）学校的发展是全校教职员工共同的工作愿景和历史使命。学校对全体人员加强教育与宣传，上下齐心，达成共识（校领导） （2）制定学校三年发展规划，列出每年要完成的工作任务及评价标准（由下至上，再由上至下，全体教师共同商讨制定） （3）了解学校发展现状，查找问题（各工作职能部门）：①校园的硬件设施是否安全、整洁、美观、高品位；②学校规章制度的完善性；③学生的行为习惯存在哪些问题，特别是学习习惯、文明礼貌、诚信、交友等方面；④行政干部队伍的优势与不足，教师队伍的优势与不足；⑤用绿色评价量表中的数据，科学分析教师教学成绩，查找影响班级学业情况及教师教育教学水平正常发挥可能存在的主观或客观因素

续 表

序号	目的	具体需要回答的问题
7	落实行动计划	（4）制订计划目标，共同商讨解决方案，行政会议讨论通过目标达成的标准，相关部门领取任务实施方案，最后负责领导检查并反馈工作实施情况。 比如，外包公司完成全校深度清洁、硬件设施设备修理完善工作；外请专家、内请学科骨干给教师开展专业培训，如班主任工作沙龙、青年成长营、学科讲座、信息技术提升培训等。加大对初三年级中考备考工作的支持与帮助；加大学校素质教育的校本研究力度 （5）致力做有温度的学校管理，关心教职工的专业成长，提供发展的平台与机会，创造良好的工作环境与氛围（校领导） （6）加强对工作的指导，勤于开展工作总结，教职员工善于开展批评与自我批评，在自我反思中不断提高与进步（全体教职工）
8	预期行动成果	请描述该行动计划，可以预期带来什么样的短期和长期成果（200字内） 教职员工心态阳光，关系和睦；年长教师谦卑、努力，青年教师活泼、好学；班主任们具有强烈的责任心和使命感；后勤工作人员兢兢业业；行政干部有担当、勤政；学生尊师有礼，勤奋学习，积极上进，健康活泼；教育教学水平稳中有升，办学效益不断提升，学校对内对外形象俱佳 每一天，如果八中人都幸福愉悦地工作、学习和生活，就是珠海板樟山下最美的一道风景线
9	反馈行动过程	如何在计划中建立一项信息反馈制度，以便经常对计划所预期的成果进行实际的印证（200字内） （1）建制总体思路：及时检查，及时反馈，有效更改，合作共赢 （2）学校中层以上领导每周五召开行政例会，对上一周开展的工作进行总结，对下一周将要开展的工作进行安排与协调。有时穿插安排主题性会议，特邀相关人员共同参与主题工作的研究与商榷 （3）每周学科组开展教学研讨活动；每周德育部门召开班主任会议 （4）每半个月或一个月召开教师工作例会，定期开展相关政策学习、活动反馈及通报等 （5）每学期末召开工作总结会议，各部门分享工作经验，并对学期工作中存在的不足进行反思，促进工作不断向前发展和推进 （6）各部门根据本部门制订的计划和方案，对班级、班主任、学科组、教师进行考核与评价，评出各种类别的优秀

基于"学生第一"理念的教育实践

让每一个人都感到自己重要。

——李希贵

　　《学生第一》这本书，假期已经反复阅读了好几遍，一个个熟悉、鲜活的教育实践案例跳跃于字里行间，唤醒我无数的工作灵感……

　　《学生第一》，作者李希贵，一年前学校开展"读好书"活动而有幸得到。从此，它就成了我策划师生活动的"案例库"及"工作宝典"，爱不释手；我变成了免费书商，不遗余力地将它推荐给身边的同事和朋友，以期待优秀的工作者能从书中汲取营养，转而回馈工作和校园。

　　浅黄色封皮，占据大部分视野的是师生精彩活动的瞬间画面；方与圆构建的图标内存"十""一"两个符号，细细品味原是"北京十一学校"极简的校徽；扉页，密密麻麻地写满全校教职员工的名字，绝大多数是中文名，还有许多外籍教师的英文名，却难找到"李希贵"3个字。全书共分6章，绿、红、蓝、玫红、紫、黄，每章配色各不相同；66个案例，每个都堪称经典，图文并茂的排版通俗易懂，直观入脑。每次阅读，我的内心是激动、澎湃的，因为它真实、可爱、温暖、睿智。不自觉，在我的实操活动策划中就有了它们的影子……

　　快速了解学校和师生，这里有"开学护照"；培养学生能力，这里有"校园机会榜""校园吉尼斯""学生大使团""每月百星""学生院士""模拟国际新组织"；彰显优秀教职工团队，这里有"名师大讲堂""青年才俊""退休纪念册""标注所有人的名字"；这里有"校园泼水节""校园里开公司""学生影院""学生出版社""校长有约共进午餐"等"疯狂"的活动；这里还有"教师互助中心""教工健康促进中心""校务会上响起学生的声音""学生职业咨询与辅导"等对师生体贴入微的人文关怀。"十一"，此刻代表是与十一学校直接或间接相关的全部人。师生的声音，在"十一"被扩大；师生的创造精神，在"十一"被点燃；师生的人格魅力，在"十一"的舞台上次第绽放。与时俱进，精彩纷呈，此书做到了！

"我和我的同事们在努力诠释教育学的基本价值取向。我们试图创造一个真正属于孩子们的学校，给他们搭建舞台，提供空间，创造条件……""在每一个故事背后，其实都有我们有意回避的伟大的老师们，他们的鞠躬尽瘁、他们的甘为人梯及他们的匠心独运，时刻在影响着我们的孩子们……"李校长在自序中简述了他和他的团队管理十一学校的理念及智慧。其实，这本书的作者已经远远超出"李希贵"这个名字，它代表着无数个像李校长一样的十一中人的教育智慧和情怀。读者从扉页开始到最后一个故事，可以慢慢体会和反思，教育究竟应该把谁放在"第一"才是真正的教育真谛！

反观身边的教育实景，我们也常在工作中提出"学生为主体""师本管理"。然而，学校管理为"学生第一"是开绿灯还是亮红灯？我们从管理者到教师群体在教育教学中能做到"学生第一"吗？北京十一学校的学生为什么有那么多的创意？他们为什么能自由地展示风采？关键是他们有让师生发展的大环境，学校鼓励与创设师生成长的空间和舞台；有敢于创新的学校，方能有为孩子们搭建宽广舞台的建设者；有富于创造力的老师，才能培养出具有创意的学生；有不拘泥于分数高低的父母，才能成为孩子塑造心智健康成长的坚强后盾。

回想平时的教学行为，容易陶醉于自我讲述的"涛声"中；让学生思考和回答问题，恨不得直接把答案告诉他们；还没有听完教师解释的话语，就已经把回复写在脸上和纸上；教师给学校的制度和方案提建议，脑海中反复呢喃着"你是不是想和学校作对"；家长要来学校见校长，"肯定没好事，是不是要回避一下"；学生干部给学校提意见，一句"孩子你还小，你不明白，这个问题不好解决"打发了之。试想，这样的教学行为、管理态度和理念，如何能培养出具有创意的老师和学生！如何能滋生出民主管理氛围！久而久之，学生、老师们就沦为第二、第三、第四，老师就成了附和上级说话的传声筒和复读机，学生就成了没有思想的木偶！

　　"和美相伴，温暖同行"，是学校的管理理念和文化核心。八中，从板樟山脚下一幢教学楼、几间课室、二十几位老师起家，那所并不起眼的普通初级中学今天已经发展成一所校园环境精致、师资力量雄厚、社会声誉良好的优质学校。24年平静但不平凡的发展历程，"和美教育"逐渐担当起学校的文化内核与精神引领。"各美其美，美美与共""和衷共济，和而不同"，从某种意义上，就是希望构建一所人与人之间互相开放、彼此关照的"和美校园"。虽然今天它仍有这样或那样的不足和欠缺，但当历史把钥匙交到我们手中，我们有义务和责任将其传承与精心打磨下去。尊重、相信、依靠八中人，听得进意见，放得下架子，"蹲下身子和师生们说话"，给师生们更多的理解、赞许、鼓励和尊重，少些批评、指责、挖苦和抱怨。这正是我们作为管理者首先应当践行的工作原则。

　　当所有的目光都聚集于"学生第一"，你会发现，我们也会在工作中碰撞出更多的火花，产生更多的金点子，它们丝毫不逊色于那66个案例。"一切有效的管理都来源于实践的不懈探索和深度思考"，我们乐于将他人的宝贵经验移植于南国的这片土地上，让其适应自己的家园气候、水土与风情。我愿意成长为你的模样，我们努力建构那所理想中的有温度的学校。虽任重而道远，但我们已经走在前进的路上……

第四章

4

扬花：

适切教育，成就生长

新课改指出，要充分发挥学生学习的主观能动性，"学生发展才是硬道理"。

生物学是实践性强的学科。针对学科特点，结合书本知识与生活实践，引领学生开展内容丰富的小课题研究。放下"填鸭式"，摒弃"一言堂"，践行并追求以学生为主体的体验式教学，追求在深度学习的过程中师生相长。

坚守教育初心，品味教育幸福；快乐着学生的快乐，幸福着学生的幸福。

基于深度学习的生物素养提升

在生物学科传统的教学模式中，学生学习生物知识的过程就是"死记硬背"应付考试的过程，这种教学模式极大地阻碍了学生的学习兴趣，限制了学生的想象力和创造力。通过自主选择学习课题，学生对课题进行深入的研究，最后获得的知识具有较强的开放性。学习的终极目标不能通过死记硬背的方式获取，而必须通过系列的实验、观察、研讨和同学间相互思想碰撞得出结论。这种学习方式就是深度学习，它能够让学习效率和效果更高、更好。

一、深度学习的特点

1. 开放性

深度学习最大的特点就是教学开放性。深度学习并不是通过特定的知识体系来学习知识，而是立足于学生的周围环境和实际生活来帮助学生研究他们关注的实际问题，所以它涉及的范围十分广泛。可能会存在于某学科中，也有可能存在于多个学科中；可能在某一时期注重的是实践方法，又或者在另一阶段注重的是理论研究方面。所以，深度学习是非常具有灵活度的学习方式，只有这样的学习方式，才能够真正为学习者发挥个性特长及才能提供更为广阔的空间及更为开放的学习过程。初中生物学的深度学习过程需要学生在学习过程中，先确定自己想要研究的小课题，而后采用合理的研究方法，通过各种不同的途径得出结论。整个过程不仅可以培养学生的创新意识，还可以培养他们的科学精神及实践能力。

2. 探究性

深度学习主要的呈现方式就是研究和探究。在初中生物学科知识的学习过程中，教师有责任充分调动学生学习的积极性，鼓励学生主动参与学习的每个阶段，带领他们发现问题、解决问题，最后再探知问题的结论。深度学习的整体过程可以由教师指导确定学习主题，也可以由学生自己制定研究课题。比如，教师可以提出"对兰花的组织培养过程研究"，学生自己确定的小课题研究如"我们身边的发酵技术应用——制面包、酿米酒"。这个过程，学生学习的方式与传统方式已经截然不同，改变以往的被动接受，主动去寻求答案并解决问题。这时，深度学习的过程就是一个探究的过程，不同的学生都能够在其中找到自己对于初中生物知识的理解。正是由于整个过程具有很强的探究性，才能够培养初中生物学习者的探究热情。

3. 实践性

深度学习一定要立足于现实生活或者社会生活，深度学习主要强调的就是学生要积极参与探究，只有通过身体力行，才能够促进学生创新实践能力的发展。在深度学习的主要过程中，绝对不能忽视科学和生活、理论与社会的联系，必须关注我们周围的环境问题和社会发展问题。同时，初中生物的深度学习要以社会实践活动为前提并为其提供发展的条件。深度学习最主要的部分就是学习的过程，最终目的就是提高思维方法和思维水平。所以，它并不仅仅是知识教育，更是一种实践性教育。这就意味着初中生物学习者是否拥有知识或技能其实并不重要，最重要的是他们是否有自主选择和判断所学知识的能力。深度学习的实践性启示我们，课程资源一定要在学生的现实生活及社会实践中选择，以众多的活动方式来帮助初中生物学习者在一系列的活动中不断发现并解决问题，从而使他们对生活的感受和体验发生变化，最终发展实践能力及创新能力。

我们带领学生开展深度学习的地点都选择珠海本地，利用的都是当地的课程资源，如金针菇培育工厂，麻黄鸡孵化、养殖厂，湿地公园，海岛等。这种学习，将课本上的"死"知识变为鲜活的内容，从书本来到真实的场景，让知识的学习有了生命力。

二、深度学习的基本原则

1. 主体性原则

实施初中生物深度学习必须以尊重学生个性发展为前提，在此基础上调动学生的学习积极性。当学生处于学习的主体地位，他们就能够充分发挥自己的主观能动性来调动学习的积极性。这启示我们，在初中生物教学的过程中，一定要想方设法地创造能够引起学生广泛关注的教学情境和气氛，并让学生处于课堂学习的主体地位，这样的课堂气氛也会充分激发学生学习生物的热情。毕竟在平等互动的学习过程中，学生会更加积极主动地参与到知识的学习之中，从而真正产生学习生物的满足感及成功感。比如，学生开展研究性学习汇报课、研究性学习小论文展等。

2. 实践性原则

生物学的实践性很强，看起来简单的理论都是科学家们通过无数次的实验验证的，甚至曾为之付出生命的代价。因此在初中生物的教学活动中，一定要注重实验的开设，注重培养学生的实践能力。

初中阶段的校内实践性活动主要是开设实验活动。教师按教学大纲正常开设或对实验进行创新性的改进就显得尤为重要。比如，初中生物课本上有植物通过光合作用就会产生淀粉的概念，但是课本上的实验过程十分复杂且不安全。所以在这种情况下，教师就应创设情境，学生通过奇思妙想去尝试改进实验步骤。我们观察到，每个小组或者每个学生的实践方式都可能不同，其中有些学生直接将碘液滴在破损且暴露的叶片上，并且发现颜色变蓝的现象，这样就直接显示了淀粉的存在。知识记忆是次要的，最主要的应该是获取知识的过程和方法。深度学习能够使学生通过自己动手实践加深对生物知识的理解。

三、深度学习促进学生生物素养的提升

1. 激发学生学习生物的兴趣

深度学习不仅能够让学生在课堂学习中感受到生物学科知识的魅力，还能够改变他们长期以来死记硬背知识点的不良习惯。在深度学习过程中，学生能够更快速地燃起对生物课程的兴趣，并在不断接受挑战之后获得成功的喜悦。比如，学习"我国的珍稀动物"，就是安排学生自己收集相关图片和视频，制作精美的PPT课件来向同学们展示学习内容，同时增加了我国保护动物的现状及亟待改变的问题探讨。这种学习方式使学生由被动变为主动，学生的生物兴趣更好地被激发。

2. 培养学生的合作精神

深度学习可以增进同学之间的了解，有利于培养学生的合作互助精神。独

立思考问题是学习的一种方式，学会与他人合作相处，共同进步与成长，是一种不可或缺的生活技能。另外，同学们优势互补，相互学习，也有利于提高学习效率与效果。在深度学习过程中，可以对不同个性和特长的学生合理进行分工，可分为主持者、记录者、资料收集者、成果汇报者、图片处理者等学习岗位。在合作过程中，学生看到别人的长处并发现自己的短处，相互补充，从而获得全面发展。

3. 促进学科间的交流

知识之间一定是相互联系的，任何知识都不可能单独存在。比如，初中的生物学科和初中化学、物理学科之间存在着一定的联系，所以在开展深度学习时，老师和同学们都必须储备化学、物理等不同学科知识，让学习更加流畅和顺利。

4. 拓展课外知识

深度学习很多时候需要在课外进行，用到许多课外知识开展研究。例如，在进行"低碳生活与我同行"教学时，让学生通过实际生活、网络、电视、报纸杂志等途径去获取学习内容，带回课堂分享给同学们，让学生们意识到低碳生活就在我们身边，一定要从自己做起。同学们学习到的知识已经远远超过书本内容，扩大了知识面，提升了学习能力。

5. 促进学习方式的改变

深度学习改变了过去教师"满堂灌"、学生"背知识"的被动学习方式。当然，深度学习也只是我们教学过程中的一种学习方式，并不代表全部的教学活动。在教学过程中，教师应根据具体的教学内容和学生特点灵活使用不同的教学方法。教育的终极目标不仅需要达成课程目标，还需要在这个基础上不断地提高学习者的综合素养，以达到培养全面人才的最高境界。

生物教学中学生学习方式的转变

"哎，王妈妈的两个儿子放学回来了……"朝讲台方向走来两名胖瘦悬殊的男同学。

"我，我胖得走不动了……"

"我，我也不行了，越来越瘦，全身无力……"

上课铃声一响过，全班同学推荐的两位主持人站在讲台上，唱起了主角。看着他们惟妙惟肖的表演，全班气氛热烈起来。

以小品引入，拉开课程的序幕。接下来，全班共8个小组的同学代表纷纷上场表演。他们分工协作，共同承担了人体消化系统各大器官的表演任务。

"我是口腔组，我负责人体的咀嚼、消化功能，口腔中有大家熟悉的舌头、牙齿、唾液腺……大家如果不注意口腔卫生就有大麻烦了。来，请听我们对破坏分子的控诉……"消化系统中的口腔因为排行第一，代表消化系统的老大走上了讲台。

咽、食道、胃（胃腺）、胰（胰腺）、小肠（肠腺）、大肠、肛门各个小组，按照人体内排列的先后次序，分别展开各自精彩的介绍。有的"器官"以话剧形式表演，采用拟人手法将其结构、功能分别加以说明；有的小组采用问答形式，致使气氛一度紧张；有的"器官"采用化装舞会的形式表现主题，着实在课堂上火了一把。同学们精彩的表演，让学习内容更加直观，学习方法更为有趣。学生在"自娱自乐"的过程中锻炼了胆量、口才；通过小组合作和竞争，增进了同学之间的相互了解。我悄悄用镜头记录下学生们成长的轨迹。

"哪一组表演最精彩？……"

"肛门……"

"胃……"

"掌声鼓励他们的表演……"

"消化器官们的发言真是精彩，而接下来西瓜子也有同样精彩的故事告诉大家，以下是陈正川和张少宇同学表演的相声《西瓜子历险记》。"主持人的话音刚落，只见"瓜子"的扮演者——才子李和铁嘴赵开始了他们在人体消化系统中的历险过程。这是他俩自编自演的一个节目：诙谐的对话、抑扬顿挫的语气令在座的每一位听众听得津津有味。

这是一节常规生物课。没有照本宣科地把知识内容灌输给学生，而是让学生根据自己的生活经验，在"表演"中体验和发现身体的奥秘，让学生在轻松愉悦的环境中自主学习。

一、改变教师传统教学观念

上课开始，向学生提问："同学们都吃过鸡蛋吧？我们习惯把鸡蛋里的结构叫'蛋清'和'蛋白'对不对？你们知道鸡蛋各部分结构叫什么名字吗？分别有什么作用？是不是所有的鸡蛋都可以孵出小鸡？"同学们的答案各异。老师安排同学们先观察自己带来的鸡蛋、鸭蛋或鹌鹑蛋，从外部结构入手，再对照书本开展内部结构的讨论并确定结果；邀请同学上讲台，对照挂图标出各部分的名称。这是新课程所倡导的一种学习方式：以学生为主体，让他们在问题情境下，在真实、具有挑战性和开放性的环境中开展自主学习。

课程改革对传统的课堂教学产生了巨大的冲击。古老而经典的师者口若悬河、面部表情呆板、正襟危坐的样子已成为教学的历史画面。课堂正悄然发生变化：生活中的动植物成了老师的教具，变魔术般从包里取出模型、标本。"有不同的意见吗？""你的想法比老师的好！"教师在课堂上尊重学生的话语，是孩子们的阳光，是课堂的生命。学生们抢着回答问题，没有抢答到的学生则抗议："我还没有回答呢！""我的材料更好！""一言堂"变成了"群言堂"，多了动感、生气与活力，课堂上不时迸发出学生们的真知灼见，让人欣喜不已。

新课程首先让教师改变了教学观念：由教师传授的"满堂灌"教学模式开始"裂变"，取而代之的是教师不再单纯传授知识，解答疑虑，而是引导学生自己去发现、探究知识。新课程的课堂是一种师生互动、生生互动、互教互学的生机勃勃的学习场景，课堂上出现的不仅是"教"，更多的是"学"的场景。学生勤动、多想、常做、细看，让学生动口、动脑、动手，这种符合青少年天性的学习使他们对学习更加专注。学生学习方式发生质的改变，对于一直以教师为中心的课堂来说是一个翻天覆地的变化。

二、改变学生被动学习方式

新课改将学生学习方式的转变作为一项重要内容，提出应促进学生在教师指导下主动地、富有个性地学习。课程改革把改变学生的学习方式摆在突出位置，改变过去的被动接受式学习方式。通过深度学习，学生能够获得更多参与感、体验感和动手实践的机会，实现学习方式的多元化，从而促进学生知识与技能、情感态度与价值观的整体发展，对培养未来需要的创新型人才具有重要意义。

（一）激发学生学习兴趣

学习兴趣是学习动机的重要心理成分，是学习的动机之一。在生物学教学中，教师要创设学生乐于学习的教学情境，激发学生持久性学习兴趣，让学生自觉、有效、积极地开展学习。

1. 上好生物第一节课

第一节课，我没有按教材介绍"生物概念""学习生物学的意义和方法""对学生学习生物的要求"等内容，而是先介绍"我"，让学生了解陪伴他们一起成长的朋友；接着带学生参观学校的空中生物园、校园绿化带及生物展览室。空中生物园里种植有各科的代表植物，还有学生课外兴趣小组无土栽培、组织培养等成果；展览室里有实验仪器、标本模型、图画，还有学生制作的植物蜡叶标本、动物浸制标本、叶脉书签等。参观过程中，同学们对高年级学生的作品啧啧称赞，学习兴趣高涨，为下一课的学习打下了良好的基础。

2. 教学内容推陈出新

课堂教学时间是有限的，知识内容也由于课时安排局限在窄小的空间里。照本宣科讲解抽象、枯燥的概念已经成为过去式，为调动学生学习兴趣，教师要在知识的"新、趣、值"上下功夫，如将学生日常生活中经常接触到的真实场景融入教学内容，将现代生命科学领域的新发现、新成果引用到课堂教学中，从而让学生感到生物学知识的学习价值，提高学习自觉性。

（二）教学设计符合学生认识规律

要求学生学得主动，发挥主体作用，重要条件是教学要符合学生的认识规律。我们在安排实验或讲解时，都要考虑学生的认识水平，这样教学活动的进展才能与学生的思维活动协调起来，学生才学得主动。例如，关于《种子成分》的内容学习，通常的教法是教师先演示实验，学生按照课本步骤验证实验，最后由教师总结并讲解种子成分。改变学习方式后，我们让学生自己选材料，如花生、小麦、玉米、大豆等，按书本实验原理，自行设计实验步骤。

（三）创设主动学习情境

课堂教学如果搞"一言堂""填鸭式"的讲授，学生就处于被动的学习状态。改变学习方式，应从以下几个方面关注。

1. 创建平等师生关系

"无花果和菠萝是果实还是种子？"在生物课上，同学们提出了问题。

噢！完全出乎意料，不在我的预设之内。怎么办？当作没听见混过去？不！和学生约定，今晚大家都回去查资料，下节课一起来竞赛，看谁能获得准确的答案。

新课程改变了教师一味传授知识的权威地位。以前，教师回答不出学生提的问题，觉得很没面子。如今，我们不再把自己当作无所不知的"圣人"，碰到不会的问题，我们坦诚地说："不太清楚，咱们一起研究。"如果有些问题说错了，就勇敢地向学生承认错误。为学生创设一种宽容、和谐、民主的课堂氛围，严格规范自己的言行，让学生在课堂上大胆思维，勇于发言，敢于求异。

2. 创设充分参与的机会

苏联教育学家苏霍姆林斯基曾说过，让学生体验到一种自己在亲自参与掌握知识的情感，乃是唤起少年特有的对知识兴趣的重要条件。因此，我们可以努力创设学生参与的条件和机会，让学生全员参与、全程参与、全方位参与。

（1）确保学生课堂活动时间

要在教学中切实发挥学生的主体作用，需要确保学生在课堂教学中的活动量。在我校的课堂教改实验课题中，提出教师"少讲精讲"，而学生在课堂上的实践活动则平均不少于课堂教学时间的50%。开始，有不少教师对于"少讲"不放心，担心学生"听不清楚"，担心教师"讲不完，完成不了教学任务"，但经过一段时间的实践，发现教师少讲，学生就多讲了，学生学习越来越主动。

（2）设计参与形式可多样化

根据教学内容、学生的知识基础和能力状况及实际教学条件，我们应尽可能采取多样化的活动形式。如讨论法——采用分组讨论的合作学习形式，让全体学生共同参与讨论，通过合作讨论得出一致的意见，这样可以变教师"一言堂"为学生的"群言堂"，而且有助于发展学生的论辩思维，互相启发，互相补充，加深对问题的理解；角色扮演法——创造机会让学生参与角色扮演；竞争法——利用学生的自我表现欲，教师可将课后练习、单元小测等改为小型竞赛活动，即在课堂上引入竞争机制，创设成就情境。

（四）培养学生实践能力

生物实验教学，以学生分组实验和教师演示实验两种形式为主。

1. 改革学生实验课，加强实验主动性

学生实验课应该说主要是让学生自己操作实验，可是实际教学中不尽然，往往一堂实验课先由教师介绍要求、步骤、注意事项，再做示范性操作，最后留下不多的时间让学生按要求进行实验并完成课后作业。这样的实验看起来既有条理，也很顺利，课堂纪律也好调控，但忽视了学生能力的培养。

学生是学习活动的主体，在实验中理所当然地应发挥学生的积极主动精神，在实验时学生不应被动地只是按照教师的指令进行操作，而是在动脑和分析讨论的基础上，充分理解实验原理、步骤，然后自觉地进行操作，做实验的主人。

我们可以按三级来培养学生的实验能力：一是模仿教师的行为或根据指令就现成的材料和仪器进行操作；二是就现成的材料和仪器，学生独立思考方法与步骤进行操作；三是教师提出目标或要求，学生自行设计实验。

2. 开展深度学习，发挥学习自主性

利用学校、社区、城市等地方课程资源，组织学生深度学习。以班级为整体，同学们自主选题。每一次的外出活动或者学习，班级就成了一个大大的"开心场""快乐园"，同学们都觉得特别自豪；通过自主探究学习，学生收集处理信息、语言表达、与人协作、动手实践等各项潜能得以开发。学生之间的合作交往更加频繁，小组成员之间增加彼此了解，坦诚面对自己或别人的优缺点。课程完成时，师生将课例收集汇总后写反思、案例、实践活动课例、论文，师生都有很多收获，师生共成长！

三、改变单一性评价方式

"分、分、分，学生的命根！"过去评价学生的方式方法过于单一，"高分高能"造就唯分数论；重知识轻能力，评价学生的成绩仅凭试卷上的分数。在新课程改革中，评价的功能和技术都有了根本性的变革。新课程强调，评价是教学的一个组成部分，贯穿教学活动的每一个环节。

评价的功能不仅是甄别与选拔，而且是关注学生的个体差异及发展的不同需求，促进每一个学生的发展；评价的内容更加全面，不仅关注学业成绩，还重视学生多方面潜能的发展，不仅关注结果，还重视学生的学习过程和学习态度，尤其是创新精神和实践能力方面的进步与变化；评价的方法多种多样，不仅有书面作业，还有行为观察、问题研讨、研究性学习、情境测验、成长记录等。比如，收集学习过程中的问卷、探究报告、论文、手工作品、图片、剪报、参赛作品等，对学习的全过程进行综合评价。在进行"激情燃烧的东澳岛"课题深度学习后，同学们的学习成果包括：

（1）采集制作的150余件植物、昆虫、贝壳标本。

（2）制作的收集标本工具，如捕虫网、毒气瓶。

（3）9个小组课题开题报告、研究性学习报告共10篇。

（4）参考书籍写下的笔记。

（5）活动过程中的图片。

我们给小组颁发"最佳课件制作奖""最佳标本制作奖""最佳研究报告奖""最佳创意奖""最佳摄影奖""最佳优秀组织奖"等奖项。当小组长接过这些意义非凡的奖状时都非常激动，全班同学鼓掌祝贺，这些难忘而美好的画面令人记忆深刻。多元化的评价让学生获得不一样的成功体验。

我国古代教育著作《学记》中有一句名言："善学者师逸而功倍，不善学者师劳而功半。"要改变学生的学习方式，提高教学效能，从转变我们的教育观念和教学方式开始。

学生观察能力培养的基本策略

随着科学技术的迅猛发展，各国的教育改革都十分重视对学生能力的培养。在我国现行的生物学教学大纲的说明中，也明确指出对学生的能力培养是教学要求的一个重要组成部分。

能力，即通常所说的本领，是指能够顺利完成某种活动的具体方式及其所需心理特征的综合表现。传统的教学"填鸭式"满堂灌，认为学生掌握书本知识越多，知识越渊博，能力就越强；有了知识，就有了能力。这是一种误解。知识多少不能作为衡量能力大小的标尺。知识与能力是互为前提、互相制约、互相促进的。知识的积累会增长才干，亦能发展能力；能力的增长反过来又能更好地接受知识，掌握和运用知识。如果我们每一位教师在教学过程中注意培养学生的能力，学生学习的具体知识就会"增值"，便会产生数倍的价值。

观察是学生认识世界、增长知识的重要途径，是有目的地运用各种感官了解周围环境的一种知觉过程。观察能力对于认识生物界、掌握生物知识、从事生物学的研究都十分重要。许多科学家都非常重视"观察"，进化论创立者达尔文总结自己在生物学研究中取得的成就时说："我既没有突出的理解力，也没有过人的机智，只是在觉察那些稍纵即逝的事物并对其进行精细观察的能力上，我可能在众人之上。"伟大的生物学家巴甫洛夫，根据千百次的观察实验，成功地进行了条件反射实验研究，创立了条件反射学说，他在实验室的建筑物上刻着"观察、观察、再观察"的警句。观察能力在生物学上的重要性促使我们在教学过程中更加重视学生观察能力的培养。

一、激发学生的观察兴趣，培养学生观察的积极性

兴趣是指一个人力求认识某种事物、探究某种事物，或接近某种事物的心

理倾向。它推动人去主动观察。很难想象一个学生对某一事物毫无兴趣而会主动观察的。在讲植物的分类"十字花科"时，其实很多同学见过油菜花，可谁也没有认真地观察过它的花。因为油菜花小，单独看它不具什么观赏性，在做菜之前已经将它除去，引不起学生的注意。当我向学生指出，油菜花是生活中较常见的十字花科代表植物，有一定的研究价值，同时出示江南或青藏高原遍地"黄花"的美丽而壮观的风景画之后，激发了学生的兴趣，学生才全神贯注地利用放大镜观察油菜花的结构。

激发学生观察的兴趣，可因时、因地利用时境、时物向学生提出发人深省的有趣问题，或介绍有趣的知识，或强调观察的意义，激发学生的好奇心和求知欲。比如，介绍种子的萌发，课前向学生提出问题：玉米（或大豆）发芽，是先出芽还是先出根？学生平时并没有注意这个事。不清楚，便争论起来，有的说先出根，有的说先出芽，互不相信对方的说法。我趁热打铁，给每个学生发小麦和大豆种子各一粒，让学生自己回家培养种子并进行观察。学生有了观察的兴趣，不仅课堂上主动积极地进行观察，课外、校外也主动去观察相关或相近的知识内容。

二、指明方向，明确观察的目的和重点

观察的目的是指要明确观察什么，达到什么目的。在教学过程中，让学生观察实物、标本、模型、挂图或演示实验时，首先，向学生提出明确的观察目的和观察重点，这样可以减少观察的盲目性，能把注意力集中到需要观察的地方，形成较清晰的知觉。如果学生对观察的目的任务不明确，所观察到的对象往往就是肤浅、不完整的，必然走马观花，收获无几。所谓"明确观察目的"就是要抓住观察对象的本质，如对生物习性的观察，应把注意力集中在生物体与生活环境统一上（初一年级葫芦藓的观察）；对形态结构的观察，应把注意力集中在形态结构与生理功能相适应上（初一年级解剖青蛙实验）。同时，教师也要指导观察的方法，对生活习性的观察可由近到远，也可由远到近；对形态结构的观察可由表及里或由里及表，由局部到整体或由整体到局部。其次，引导学生从各种不同角度观察事物，如带领生物课外兴趣小组学生采集、饲养涡虫，除让学生观察涡虫的形态结构和生活习性外，还指导学生进一步观察并记录下涡虫的生长与氧含量、水的清洁度、温度和光照、食物等生态因子的关

系，按照计划有目的、有步骤地进行实验观察，培养学生全面、细致、持久、敏锐的观察能力。

三、边观察边思考，要求学生做到眼、脑、手并用

在引导学生观察的过程中，提出具有启发性的思考题，这样既可以把学生的注意力集中到要观察的部分，又可以使学生在观察时，一边观察一边思考，使思维活动参与观察活动，才能抓住本质特征，加深理解，将形象的直观与抽象的思维结合起来；使学生通过感性的材料进行抽象思维，形成正确的概念、判断和推理，才能对观察的对象产生深刻的印象。

例如，在讲"无性生殖"时，把分裂生殖（草履虫）、出芽生殖（酵母菌）、孢子生殖（曲霉）及植物营养器官的挂图同时展示出来，引导学生看图像，结合课文介绍有关内容，让学生思考这几种类型的生殖方式有什么不同，有什么共同之处。经过对比观察，学生能大致回答各种无性生殖的区别，并归纳总结出无性生殖的概念：它们都没有经过生殖细胞的结合产生后代，而是由亲体直接产生后代。经学生自己观察比较和归类的方法获得知识，比老师单纯讲、学生听记的印象深刻多了。

又如，讲"茎的输导作用"时，课前布置学生剪取一小段树枝（或买枝白色菊花），全班分成几个小组，各组分别对自己的材料做不同的处理：

（1）将枝条插在红墨水的稀释液中。

（2）将环割树皮的枝条插在红墨水的稀释液中。

（3）将除去叶的枝条放在红墨水稀释液中。

上课时，让学生先对比观察不同处理后枝条的外观，并切开茎观察茎内部的颜色变化，提出启发性问题：

（1）茎的颜色是否发生变化？发生变化的位置？

（2）正常枝条、环割树皮、除去叶的枝条现象是否有不同之处？

分析产生原因的可能因素。同学们根据已学的知识，并通过亲自动手制作的实验材料观察到的实验现象，各抒己见，提出问题，在讨论和争议中解决问题，巩固知识，突破教学难点。这样，学生就通过动眼、动脑、动手的活动获得了新知识。

四、真实地观察，培养实事求是的科学态度

要求学生逐步学会真实地、系统地、周密而精确地进行观察，客观地进行观察分析。实事求是地反映观察的结果，根据自己观察的实际情况填写观察记录或绘图表等，在观察活动中，培养实事求是的科学精神和科学态度。比如，校生物园无土温室栽培，需生物兴趣小组人员如实记录时间、温度、湿度等外界条件，记录幼苗生长情况；显微镜下观察植物细胞，并绘植物细胞图，需同学将显微镜下所观察到的真实图像画下来，而不能千篇一律地按课本模式图依葫芦画瓢照搬下来。对学生强调观察的真实性，能够提高观察的细致性和全面性，养成良好的观察习惯。

五、创设条件，多种途径进行观察训练

让学生接触生产、生活和自然实际，是获得知识、培养观察能力的重要方面。除多增设实验课程外，还应尽可能带领学生到户外进行动植物野外实地观察学习。比如，进行植物学中"绿色开花植物的分类"教学时，带领学生到户外农田观察各种植物，让学生根据学过的知识，联系观察到的植物特点，判断该植物属于哪一科，并对不同科的植物特点进行比较；讲"淡水鱼养殖"时，带领学生到淡水养殖场现场观察，可让学生清楚地看到淡水混合放养的实际情况，理解混合放养可以充分利用立体空间，提高单位面积产量的意义。另外，可充分利用本校空中生物园的有利条件进行栽培实习，有计划地布置学生在实验园地栽培植物，进行实验观察，并做好详细记录，如（1）班种珍珠西红柿（覆土），（2）班种白菜（无土栽培）等。在栽培过程中结合课本上的科学知识，授予他们所能接受的栽培技术和管理方法。同学们通过自己动手实习观察，体会深刻，收获很大。种珍珠西红柿，一些植株让其按正常规律生长，不进行任何人工处理，而另一批则进行人工修枝、打顶，植株结果后发现，其他条件不变的情况下，后者产量高，证明书本介绍的营养生长与生殖生长相互联系、相互制约的关系，理解科学方法栽培中理论与实践相结合的重要性。

生物教师不仅要像巴甫洛夫一样强调观察的重要性，要注意加强学生观察能力的培养，更要在观察基础上，启发学生的思维积极性，激发学生思考问题和培养动手解决问题的能力，为时代培养创造开拓型人才。

分层小组合作教学的实践路径

初中学生生物成绩因个人学习兴趣或行为习惯不同而存在较大的差异。成绩较好的学生因持续努力而维持较高的水平，成绩较弱的学生可能在多次差评打击下逐渐丧失学习的动力和信心。初中生物学的学习，主要是让同学们了解我们所居住的地球以及在这个地球上生存的各种生物的个体奥秘和生命本质，所学的知识并不复杂。虽然初中只有两年的生物学习经历，却对学生终身学习生物的兴趣，科学创新能力、实践能力的培养奠定了坚实的基础。因此，教师应帮助潜能生提高学习生物的兴趣，针对学生之间生物成绩差异较大的现状，采用分层合作的教学方法，促进学生的整体发展。本文以北京师范大学出版社教材八年级生物为例，提出分层合作教学方法，帮助潜能生掌握学习方法并提高学习能力。

一、分层教学的概念及应用的意义

所谓"分层教学"就是教师根据学生现有的知识水平、学习能力和潜力特点，把班级学生科学地分成水平相近的小群体。老师制定一系列的规章制度，如奖励、减分、小组合作等规章制度，让同学们在集体学习中相互监督，优势互补，从而激发这些群体在教学中实现不同程度的提升。分层合作是一种教学模式，教师分层之前首先需要观察并了解学生的学习能力、性格特点、爱好特长等，合理形成一个个学习小组。以小组合作学习和成员之间的互帮互学为主要学习形式，能充分实现学生之间的互动和激励，为每个学生创造整体发展的机会。特别是学生之间的互动，利用了学生层次的差异性与合作意识，形成有利于每个成员协调发展的集体力量。在这种教学模式下，一些潜能生的学习兴趣被激发出来，在不断模仿与借鉴、鼓励与纠偏中，主动吸收好方法、好思想，从而实现学习成绩的提高。

二、初中生物学科的学习现状

初中生物学习的内容包括地球及生物的奥秘，并紧密联系我们的生活实际，学科本身具有一定的科普性和趣味性。因此，初中生物学科教学是一个培养学生对自然和身边生物认识能力的学科，通识性较强，课程内容并不复杂。传统模式下的生物教学仍是以教师为主体的"一言堂"，学生被动接受知识，教师讲授的教学内容始终围绕着考试而开展，课内外都缺乏趣味性，学生感觉书本上的生物现象和自然奥秘离自己太遥远，因此对生物的学习缺乏原动力和兴趣。学生为了应付考试，只需将教师上课讲解的重点知识背下来，依然能够在考试中取得较好的成绩。当知识的学习完全是为了考试服务，缺乏学以致用的动力时，学习也就失去了原有的意义。

三、采用分层小组合作教学，提高潜能生学习能力

1. 不同特质成员小组结合，实现优势互补

分层合作教学是以小组形式开展教学的，组建各小组时，教师是有一定的依据的，不可随意划分。根据全班总人数如48人为例，全班宜设8个小组，小组成员在6人左右，其中包括学习程度、性格、特长差异不同的学生，差异要有梯度，好、中、弱都要安排，而性格能够形成互补也是非常重要的。小组内可以有差异，但是各个小组之间要基本均衡，确保各个小组之间公平竞争，各个小组成员都有不断向前发展的可能。

小组人才均衡：小组里可以有网络高手、PPT制作高手、绘画高手、写作才子、口才佳人、摄影奇人等。同学们统一按照组长要求，在学习过程中分工合作；而学有余力的同学帮助或指导其他组的同学完成任务。这样不仅给有特长的同学一个展示才干的舞台，还在班级里创设了一种互帮互学的良好学习氛围。组内学习兴趣和热情不高的同学，在这种大环境下，或多或少也都能受到一些启发和推动，达到共同进步的目的。

2. 在实践活动过程中分层合作

近10年的教学实践过程中，我们充分利用珠海的地方性课程资源，带领学生进行研究性小课题的学习，课题包括"激情燃烧的东澳岛""我和蘑菇有

个约会""麻黄鸡的一生——鸟类的生殖和发育"……以开设"研究性学习小课题"为契机，给学生建构开放的学习环境，逐步推动学生在学习方式上的转变。教师指导学生分好学习小组，指导小组成员分工协作，做到各展所长，协作互补。教师经常与组长沟通交流，及时发现困难，解决问题。另外，还要指导学生处理好与指导老师、家长、社会的协作关系，并从活动中学会处理问题和解决矛盾的方法。

3. 在实验过程中分层合作

生物属于自然学科的一项，是需要进行实验教学的，开展实验教学是生物教学中的一项重要内容。在日常实验教学中，教师采用学生分层小组合作的方式，将大大提高教学效果。例如，在观察植物的光合作用产物的实验教学中，分小组开展实验，同组学生分工合作，每一个同学都要承担实验过程的不同工作任务，共同完成实验过程、实验分析、表述实验过程和结果等。

分析实验结果也是生物学科的重要内容，我们知道实验中一个微小的变量就有可能引发结果的改变，如果一个小组的实验结果与其他组差异很大，一般学生就会认为自己组做的实验不够好，从而借用他人的实验结果，这很难培养学生的科学精神和态度。以小组开展实验，先在组内完成分析实验结果的过程，就可以在很大程度上避免这类事情的发生。小组内的各位成员将自己负责的实验步骤展开分析，是由于器材、测量还是错误的操作导致实验数据变化。小组成员共同参与发言，每个人均可表达自己的意见，小组长或其他成员可以及时补充想法，良好的研讨氛围为将来开展学习打下基础。

4. 分层小组合作评价的原则和方式

评价的原则：以激励性评价、过程性评价为主，结果评价为辅；自我评价和他人评价相结合。

评价的方式：组内自评、组间互评、教师评价。可以将每月的评价情况汇总，最后在期末进行表彰和鼓励，肯定进步。

初中生物学法指导的研究与实践

"授人以鱼仅供一饭之需，授人以渔则可终生受用"，意思是说，掌握学习方法比掌握知识更有意义。笛卡儿说过："没有正确的方法，即使有眼睛的博学者也会像盲人一样盲目摸索。"作为一名教师，我们在向学生传授知识的同时，也应该对他们的学习方法进行指导，使学生成为"学会学习"的人，以便让他们离开老师后还能便捷地获取知识。

学习有法，而无定法。古往今来，许多人对学习学法进行过研究或实践，提出了各种方法。根据教学过程划分，学习过程包括预习、听课、复习等环节，根据这些环节，大致可以把学习方法分为预习方法、听课方法、复习方法。教师应结合初中学生的认知条件，依照不同的学习环节，对学生进行学法指导，使学生提高学习效率。

一、指导预习，提高兴趣

心理学家认为，学习的最佳动机是对所学材料的兴趣，"兴趣是最好的老师"，学生的学习兴趣正是以学生对知识的需要而发生的。通过预习，学生会把未知的知识与已知的知识融为一体，从而提高课堂上的求知欲望，能抓住老师讲解的关键和要领去解决未知，牢固掌握知识。

教师指导学生预习的方法有三种：第一种方法是"根据教材内容布置预习提纲"的方法。教师设计的预习提纲对学生起引路和开展定向思维的作用，使学生初步明确重难点，为学生在课堂上攻克重难点奠定基础。比如，介绍叶的光合作用前，让学生预习光合作用的条件、产物、原料及光合作用的概念和方程式，并在书本上做好标记，课前提问。在学生养成习惯，各方面能力有所提高后，可采用第二种方法穿插进行，即让学生"阅读教材后归纳知识要点"

的方法。该法较适用于与旧课研究问题的思路和方法相同的新课教学，可发挥思维定式的作用，学生很容易按照过去研究问题的思路和方法，独立归纳新课的知识要点，从而调动学生学习的积极性，使学生掌握的知识更深刻。比如，在学习植物的主要类群——苔藓植物、蕨类植物、种子植物时，它们的研究思路和方法基本相同，学生按照形态结构和生活习性特点等相同预习提纲进行预习，对比它们在本质上的不同之处，学生就很容易体会到。第三种方法是"习题预习"指导。要求学生在预习时，翻阅课后"动动脑"或课外练习册，让他们带着将要回答的问题阅读教材，这样目的性更强，预习效果更佳。

二、指导听课，提高效率

上课是学生学习的中心环节，是获得知识的主要途径。凡是学习成绩优秀的学生都有一条共同经验，就是上课认真听讲，充分发挥课堂45分钟的效益。有的同学认为上课没听好不要紧，回家自己看书也行，其实是行不通的。一个全日制的学生，一天有近1/3时间在学校度过；余下的时间，除去睡眠、交通、梳洗、吃饭等已所剩无几。因此，把课内的任务推到课外完成，在时间上是不允许的。如何提高学习效率，我认为可以从以下五个方面提醒学生注意。

1. 听

在课堂上听是至关重要的，一定要全神贯注。我在黑板上板书的多是纲要或重难点知识以及容易出错的字词，大部分内容是用口头语言传授。因此，不听课将错失很多精彩。

听课过程中，可以着重注意听在预习过程中存在的疑难点问题。而教师在讲课中，对重难点内容，必须运用不同的方式、方法加以重复，以帮助学生弄懂、记牢。"听"要与老师的"讲"保持同步，不懂之处要先放下，下课后再提问或去钻研，不要在课堂上钻牛角尖，要保证听讲的连续性。另外，还要注意其他同学的朗读、回答或提问。

2. 想

在听课过程中，一定要善于动脑，积极思维，多问几个"为什么"。学到新知识时，可以迅速回想一下与之有关的旧知识。比如，学习"呼吸作用"时，应想到前面的光合作用，两者之间的内在联系和本质区别。老师提问时，即使是其他同学回答，也要积极主动思考。维持自己思维的活跃状态，不仅能加深对知识的理解和记忆，而且有利于上课时集中注意力。

3. 看

要留神教师在课堂上的板书。一般来说，老师写在黑板上的内容都比较重要。为了强调某些内容的重要性，我会用不同的彩色粉笔或大体字等做一些记号。这些都是刺激信息，善于看的学生，能利用这些信息促进记忆。老师在上课时，除了用言语讲课外，还会用表情和动作等肢体语言来表达意思。这些表情和动作既有利于学生理解知识，也有利于记忆和巩固知识。

4. 说

在课堂上要主动争取"说"的机会，如回答问题、提出问题、阅读课文等，这不仅能提高自己的口头表达能力，增强自信心和胆量，而且能更好地理解老师所讲的内容，同时这种积极参与的态度能避免上课分神。比如，有些学生一开始对生物学科不太感兴趣，我在课堂上就有意识地经常提问他们，对他们回答的内容认真修正，并及时给予鼓励和表扬，渐渐地，他们由害怕变为盼望回答问题，主动争取表现机会，生物成绩较过去大有提高。

5. 记

"记"指记笔记，这是听课的重要环节。有些学生认为，生物是非中考科目，不用太认真。笔记都是书本上的内容，画下来就行了。其实笔记是一份永久性的记录，能加强自己上课的专注力，也方便日后温习之用。做笔记，我要求学生做到：笔记要清楚，字迹工整，重难点可用字体不同、颜色不同、间隔线等方法加以强调、提醒；注意抄下老师黑板上所画图表，它们多是内容的归纳或某一重点的揭示，图表应该画得大而清楚，不要太过于节省纸张；笔记间隔要宽松，不要太密，以便复习时补充或加工。

一听二想三看四说五记，也就是耳到、心到、眼到、口到、手到，充分调动各感官同时参与信息的感知，能让听课效率大大提高。

三、指导复习，消化巩固

复习乃学习之母，掌握科学的学习方法可以说是提高学习成绩的关键。复习时要注意以下几点。

1. 复习要及时进行

根据遗忘先快后慢的规律，所学知识通常是在识记后二三天内遗忘最多。及时复习就是在大量遗忘开始之前进行复习，可以有效防止识记后急速发生的遗忘。如果等到遗忘之后再复习，则要花费很多时间。有的学生平时不及时复习，等到考试前"临时抱佛脚"，弄得身心俱疲，效果也差。

2. 知识归纳整理

对所学知识进行归纳总结，能使课本化"厚"为"薄"，做到纲目条理化、知识脉络化。比如，对所学知识进行系统总结，每一章或某一重点知识学习结束后，要对知识进行归纳总结，老师可列好表格或方框图后让学生填写，使学生养成习惯后，再让其独立进行。

3. 重视学习反馈

学习反馈包括课堂练习题反馈、课后作业反馈、测验与考试反馈等。把每一次练习或考试的错误找出来并分析错误的原因，与学生一起分析正确的解法和答案，这样可以增强复习的针对性，提高学习效率。

4. 掌握记忆方法

我们可以将知识内容联想、形象、口诀、谐音化，以增强记忆效率，把繁杂的知识用简明字组成口诀，有助于记忆。例如，植物学中葫芦科的特征口诀：葫芦科植物花单生，花萼花冠多合生，雌花、雄花皆五裂，雄蕊五枚要记清，雌蕊一枚三心皮，瓜类瓠果可食用。

四、课外活动，开阔视野

教师根据授课内容，适当进行一些课外辅导，使学生通过课外活动巩固课本知识，并获取一些与本学科相关的其他知识。

1. 课外科技活动

国家教委颁布的《生物教学大纲》明确指出："生物教师要积极组织和指导学生在课外开展生物学科技活动，以更好地发展学生的智力，培养学生的能力，从而达到因材施教的目的。"因此，开设中学生物学课外科技活动，是课内学习的重要补充，特别是在培养将来从事生物科学工作的人才方面起着明显的作用。

（1）参加生物园和生物角工作

生物园和生物角既是中学生物教学的活的实验室，又是生物课外科技活动的重要基地。我们可根据不同年级、不同要求分配不同的任务，如初一年级生物课开设《植物学》，课外科技小组可在生物园栽培十大科植物，进行无性繁殖、人工辅助授粉、无土栽培等。

（2）野外实习和生物资源调查

组织学生到郊外，如山地、旷野、河流和海边等现场观察和调查，采集或捕捉有关生物，获得实际知识和技能，了解当地生物资源，以巩固已经学过的书本知识。另外，也可以带学生到当地的动植物园观察。动植物园一般都分别集中了本地和各地最有代表性的珍贵物种，集中展现出生物的多样性。

（3）采集和制作标本

采集和制作标本是一种很有意义的活动。可组织学生利用野外实习的机会去采集。可采集和制作的标本种类是很多的，如初一年级可采集和制作的标本包括植物的各种器官、植物各类群的代表性植物。

（4）制作生物模型

组织学生制作生物教学模型，既可巩固课内所学知识，扩大知识面，初步掌握制作模型的技能技巧；又可充实生物学教具，为提高教学质量创造更好的条件。比如，可指导学生制作细胞的形态结构，或者制作植物的种子、根、叶、茎、芽的结构等。

2. 课外阅读

课外阅读包括有关生物学科技书刊、科普读物的阅读和工具书的使用。课外阅读能加深对课内知识的理解，有助于开阔眼界，有助于发展学习生物学的兴趣，有利于培养自学能力和自学习惯。根据初中学生年龄及其可接受性，推荐阅读《有趣的植物》《鸟类趣谈》等科普小册子，要求学生适当记些摘要笔记，并通过举办读书报告会宣讲读书心得，让学生通过各种形式交流阅读的收获和体会。

通过以上多渠道，经常性地对学生进行生物学法指导，对学生自学能力的培养无疑能起到潜移默化的作用，学生学习生物的兴趣和积极性被调动起来，为更好地学习生物知识奠定基础。

挂果：

引领辐射，创新发展

行动，才有收获；坚持，就有奇迹；创新，方能发展。

在工作室搭建的梦想田园里，我们播撒希望的种子，守护每株幼苗的成长；我们挥洒辛勤的汗水，倾听枝茎拔节的声音；我们珍惜交流的盛宴，收获共享的成果；我们无悔耕耘的付出，点燃更多希望的火花；我们守望繁花似锦的未来，翘首期盼和美的家园。

忠于理想，把握机遇，担起使命，勇立潮头。我们向着彼岸，乘风破浪，开启人生的又一次征程。

初中生物实验教学的改进实践研究

一、研究基本信息

1. 名称

初中生物实验教学的改进实践研究。

2. 项目类别

广东省中学生物教学研究"十三五"规划一般课题。

3. 研究领域

生物教学（C）。

4. 编号

YZSH-2017-C-b003。

二、研究背景

生物学是一门以观察和实践为基本研究方法的实验科学，中学生物实验教学对提高学生科学素质有十分重要的作用。通过实验教学可以激发学生学习生物课的兴趣，帮助学生形成生物学概念、获得生物学知识和技能、培养观察和实践能力，还有助于培养学生实事求是、严肃认真的科学态度和科学方法，把学生带向生活、带向社会、带向自然，体验人与社会、人与自然的和谐发展。在实验活动中，还能发挥学生自己设计、操作、独立思维的能力，培养开拓创新精神。实验教学对培养创新型学生起着不可或缺的作用，影响学生终身发展。

现珠海初中学段生物学科选用北京师范大学出版社《生物学》教材，七、八年级上下共4册书，每册书配套《教师教学用书》。教材中要求开展的主要实验教学活动、建议活动、演示活动共计86个（七上36个，七下26个；八上

17个，八下7个）。教学参考书在最前面编有"实验材料参考细目表"，注明各章节实验名称、类型、材料器具、数量、备注内容。但由于学校条件及教师个人的制约因素存在，导致实际开设实验教学活动与教学大纲要求有较大出入，实验教学在中学存在严重滞后现象。为促进实验教学有效开展，课题组从以下几个方面开展研究。

1. 对实验改进方向的研究

大多数教师在开展实验教学时仍以教材为蓝本，照搬书本上的内容和步骤开展实验教学，以达到教材中所要求的"实验现象、实验结果"为终极目标，缺乏质疑。

教材的编写并没有顾及不同地区的环境状况、气候条件、学校办学条件、学生生活经验等因素的差别。教师在组织实验过程中，会遇到影响实验正常开展的制约因素。如地域生物个体差异、不同气候、季节因素导致实验不能按课本进度开展；实验成本过高、实验材料在本地区难以获取而导致实验无法开展；学生的实验动手能力较弱导致实验难以达到预期效果；实验方法不佳导致实验效果不明显；等等。各种因素在一定程度上影响或制约师生的实验教学活动，师生开展实验活动的积极性大打折扣。充分利用珠海本地生物资源，对实验个案进行因地、因时、因人的改进探索，优化实验步骤和过程，是我们课题研究的主要内容和方向。

2. 对实验改进方法的研究

将优秀实验改进案例收集和整合，并总结提炼出改进实验的方法，对教师实验教学有很大的帮助和借鉴作用。优秀案例的来源包括：

（1）初中生物有各种教材版本（北师大版、人教版、苏教版、上海科学教材等），内容编排都有差别。教材的实验内容分别提供了大量的实验个案素材，各具不同，各有特色。

（2）在网络及生物专业刊物上可以搜索到国内外优秀、成功的实验改进案例。

（3）珠海市及香洲区开展初中生物实验创新大赛，对实验改进的案例具有较高的参考价值。

3. 实践案例展示平台的研究

近两年珠海创设"智慧课堂"教学软环境，打造"无处不在""线上线下"学习软件平台，教师正不断适应这场教学方式的变革。我们的课题研究成果配套制作有微课，可以让学生在实验课前、课中和课后进行学习，在教师引领下，"无处不在"的学习体验正逐步走进学生生活。微课可以共享于"微课云"，为香洲区"智慧校园"资源库提供教学视频素材，研究成果共享。

三、研究理论依据

1. 新课程理念中的教师观

教师要与时俱进，要不断更新自己的教育教学理念，转变角色；重建教学方式，重构课堂教学；改善知识结构，转变工作方式；掌握新技能，学习新技术；积极参与课程开发，通过研发提高自己。

确定课程意识，教师要由过去课程的执行者变为设计者和开发者；要树立资源意识，有效开发和利用身边的教学资源；教师是教育的研究者，要具有反思意识，由知识传授者变为学生学习的指导者和创新思维的培育者。

2. 创新教育的思想

人的创造性思维不是突然出现的，而是在实践中逐步培养的。从心理学角度看，青少年时期正是培养创造性思维的最佳时期。教师有义务和责任在学生形成创造性思维的最佳时期给他们提供学习、锻炼的机会和平台。创新教育的目的就是让学生能够积极主动地思考，提高思辨能力、创新能力和解决问题的能力。

四、国内外研究现状

（一）国外研究状况

生物学是以实验为基础的自然科学，国外发达国家很早就重视学生科学探究技能的训练。

（1）20世纪60年代，美国《生命科学的焦点》中将科学探究技能作为单独的一章，介绍科学研究的基本方法和原理，并将相应的训练体现于教材中。

（2）20世纪80年代末，美国"2061"计划更是把提高全民科学素质作为科学教育的目标，其中科学探究技能训练的内容也比较全面。

（3）日本在1951年的理科教育改革理科教学目的中明确指出："为了解决问题，要提高使用科学探究技能的能力。"

（4）英国的《生物学引论》，即纳菲尔德生物学其中的一套教材，将"探究—发现"教学理论引入教材，每章后都提供与本章内容相关的背景材料，介绍有关的科学发现史，这是强调科学方法的教育。

（5）加拿大大西洋省的科学课程描述了具有科学素养的人应具备的特征：人的发展包括人的探究意识、创新意识、价值观、审美情趣、社会责任感等方面的发展。

（二）国内研究状况

新课标遵循的课程理念是面向全体学生，提高生物科学素养，倡导探究性学习。其中具体实施建议中强调指出"组织好探究性学习""加强和改进生物实验教学"。国内对生物学科实验教学的研究日益重视，对生物实验教学改进的文章和案例也日趋增多。许多一线生物教师对教材中实验教学内容出现的问题提出了个人的建议和改进方法。

1. 各级各类刊物、网络案例资源

北京外国语大学附属外国语学校宋娟老师提出了《几例初中生物实验的改进》；江苏省姜堰市蒋垛中学曹丽老师提出了《人教版教材的几个实验材料的改进》；姜堰市南苑学校王乃平老师提出了《初中生物实验改进与创新的专题研究》；泉州现代中学王卿璜老师提出了《北师大版初中生物教材中部分实验的改进》；连云港东港中学翟天智老师提出了《苏教版初中生物实验的改进与创新》；西安铁一中滨河中学谢增兰老师提出了《初中生物实验教学的创新实践研究》；赣州市赣县清溪中学巫良谋老师提出了《初中生物实验几点改进》。

2. 专业书籍

2018年，给每位成员购买了《生物学实验教学疑难解答（初中）》一书。这本书由崔庚寅教授主编，由经验丰富的一线中学生物教师集体编写，填补了实验教学参考书的空白。这本专著对于课题组开展的课题研究有较大启发作用。

3. 珠海市开展实验创新案例比赛活动

近几年珠海市开展以实验创新为主题的比赛，许多参赛案例都有较高的借鉴和收集价值。

2013年举办"香洲区初中生物学实验创新大赛"，八中王红老师的"观察叶表面气孔的数目"、南屏中学国杨老师的"二氧化碳是光合作用的原材料"、九中呼小明老师的"绿色植物的呼吸作用"实验案例获一等奖。

2014年举办"广东省生物学科实验创新大赛"，九洲中学杨敏旭老师的参赛案例"尿的形成——肾单位的结构"获一等奖。

2016年举办"广东省实验操作与创新技能竞赛创新大赛"，唐家中学梁志伟老师的参赛案例"血液的循环过程模型展示"获一等奖。

2017年举办"珠海市初高中实验创新大赛"，紫荆中学邓力强老师的"验证光合作用产生有机物"、湾仔中学邱建萍老师的"观察植物的呼吸现象"、九洲中学杨敏旭老师的"观察静脉血动脉血创新实验"、十一中丁沛斌老师的"探究苔藓植物吸水性及空气净化功能"、斗门五山中学梁励玲老师的"动物行为的研究——探究家蚕的取食行为"、七中罗春愈老师的"探究种子萌发的外部条件"等参赛案例都非常有创意。

（三）珠海市生物教师开展实验教学情况调查

采用"问卷星"，对珠海市81位初中生物教师进行实验开设情况的调查。

1.调查问卷内容

表1　调查问卷表

问题	内容	选项
1	你所在的学校属于	公办中学（　　）　　私立中学（　　）
2	你的年龄	20～30岁（　　）　　30～40岁（　　） 40～50岁（　　）　　50岁以上（　　）
3	本学校生物实验室是否达到开设实验的要求	完全具备（　　）　　基本具备（　　） 不具备（　　）
4	学生分组实验开展的实际情况	100%（　　）　　80%（　　） 60%（　　）　　40%（　　） 20%（　　）　　不开设（　　）
5	你认为影响学校正常开设生物实验的因素	实验室条件限制（　　）　　课时限制（　　） 学校生物教师配备不足（　　） 实验材料难以获取（　　） 实验效果不佳（　　） 实验课纪律难以管理（　　） 学生不愿意参与（　　）
6	生物实验教学过程中，学校生物教师团队尝试对实验进行改进	经常（　　）　　偶尔（　　） 从没有（　　）

续表

问题	内容	选项
7	如果对初中生物实验教学进行过改进，你改进的项目包括	实验材料（　　）　　实验方法（　　） 实验仪器设备（　　）　实验呈现方式（　　）
8	你现在使用的实验微视频来源于	自己录制（　　）　　网络资源（　　） 教参提供（　　）　　同行提供（　　） 不使用（　　）
9	微视频使用的情况	分组实验前（　　）　分组实验后（　　） 替代分组实验（　　） 替代演示实验（　　）
10	如果同伴提供实验改进的建议，你愿意尝试改变自己的实验课堂吗	愿意尝试（　　）　　不愿意尝试（　　） 无所谓（　　）

2. 调查数据显示如下

第1题：你所在的学校属于 [单选题]

选项 ⇕	小计 ⇕	比例
公办中学	70	86.42%
私立中学	11	13.58%
本题有效填写人次	81	

第2题：你的年龄 [单选题]

选项 ⇕	小计 ⇕	比例
20～30岁	22	27.16%
30～40岁	34	41.98%
40～50岁	19	23.46%
50岁以上	6	7.41%
本题有效填写人次	81	

饼状　圆环　柱状　条形

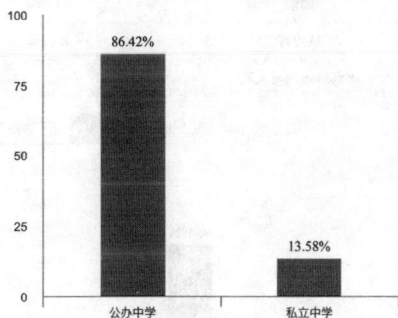

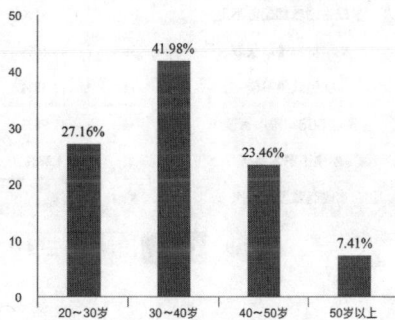

饼状　圆环　柱状　条形

图1　调查问题第1题显示图

图2　调查问题第2题显示图

第3题:
本学校生物实验室是否达到开设实验的要求 [单选题]

选项 ⬍	小计 ⬍	比例
完全具备	12	14.81%
基本具备	55	67.90%
不具备	14	17.28%
本题有效填写人次	81	

🥧 饼状　◯ 圆环　📊 柱状　≡ 条形

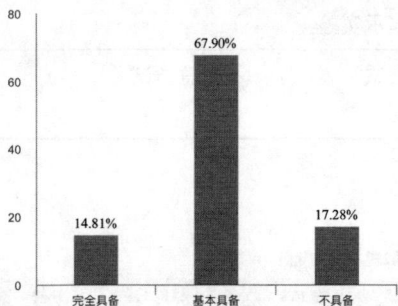

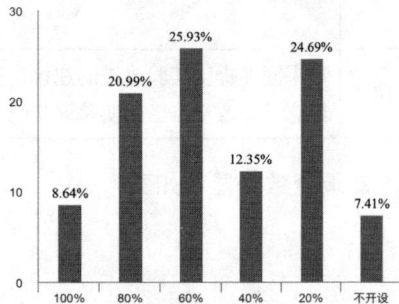

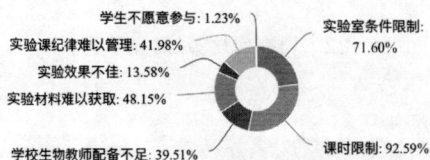

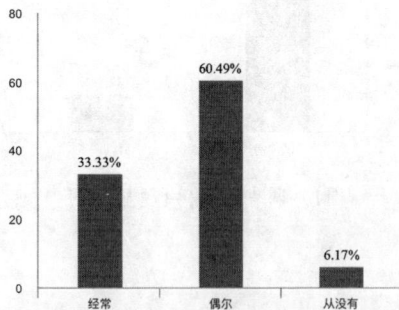

第4题: 学生分组实验开展的实际情况 [单选题]

选项 ⬍	小计 ⬍	比例
100%	7	8.64%
80%	17	20.99%
60%	21	25.93%
40%	10	12.35%
20%	20	24.69%
不开设	6	7.41%
本题有效填写人次	81	

🥧 饼状　◯ 圆环　📊 柱状　≡ 条形

图3　调查问题第3题显示图

图4　调查问题第4题显示图

第5题:
你认为影响学校正常开设生物实验的因素 [多选题]

选项 ⬍	小计 ⬍	比例
实验室条件限制	58	71.60%
课时限制	75	92.59%
学校生物教师配备不足	32	39.51%
实验材料难以获取	39	48.15%
实验效果不佳	11	13.58%
实验课纪律难以管理	34	41.98%
学生不愿意参与	1	1.23%
本题有效填写人次	81	

🥧 饼状　◯ 圆环　📊 柱状　≡ 条形

第6题:
生物实验教学过程中，学校生物教师团队尝试对实验进行改进 [单选题]

选项 ⬍	小计 ⬍	比例
经常	27	33.33%
偶尔	49	60.49%
从没有	5	6.17%
本题有效填写人次	81	

🥧 饼状　◯ 圆环　📊 柱状　≡ 条形

图5　调查问题第5题显示图

图6　调查问题第6题显示图

第7题:

如果对初中生物实验教学进行过改进，你改进的项目包括 [多选题]

选项 ⇕	小计 ⇕	比例
实验材料	68	83.95%
实验方法	59	72.84%
实验仪器设备	53	65.43%
实验呈现方式	52	64.20%
本题有效填写人次	81	

🥧 饼状　◯ 圆环　📊 柱状　☰ 条形

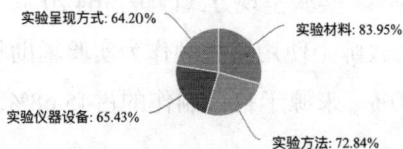

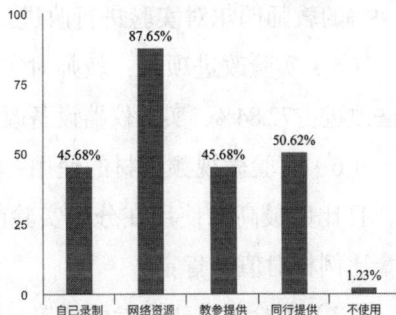

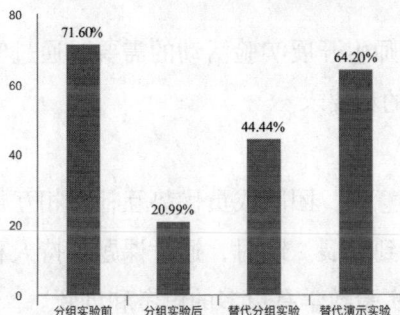

实验呈现方式: 64.20%
实验材料: 83.95%
实验仪器设备: 65.43%
实验方法: 72.84%

图7　调查问题第7题显示图

第8题:　你现在使用的实验微视频来源于 [多选题]

选项 ⇕	小计 ⇕	比例
自己录制	37	45.68%
网络资源	71	87.65%
教参提供	37	45.68%
同行提供	41	50.62%
不使用	1	1.23%
本题有效填写人次	81	

🥧 饼状　◯ 圆环　📊 柱状　☰ 条形

图8　调查问题第8题显示图

第9题:　微视频使用的情况 [多选题]

选项 ⇕	小计 ⇕	比例
分组实验前	58	71.60%
分组实验后	17	20.99%
替代分组实验	36	44.44%
替代演示实验	52	64.20%
本题有效填写人次	81	

🥧 饼状　◯ 圆环　📊 柱状　☰ 条形

图9　调查问题第9题显示图

第10题:

如果同伴提供实验改进的建议，你愿意尝试改变自己的实验课堂吗 [单选题]

选项 ⇕	小计 ⇕	比例
愿意尝试	79	97.53%
不愿意尝试	0	0%
无所谓	2	2.47%
本题有效填写人次	81	

🥧 饼状　◯ 圆环　📊 柱状　☰ 条形　隐藏零

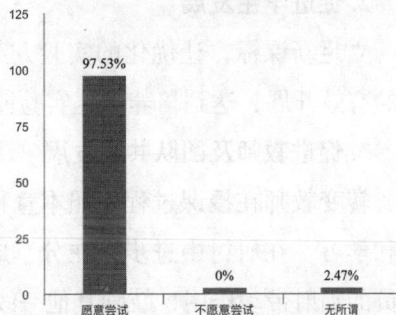

图10　调查问题第10题显示图

（1）实验室硬件设备达标情况：82.71%的教师认为学校的硬件设备达到开设实验的要求。

（2）实验开设情况：实验开设率达60%以上的教师只有55.56%。

（3）影响教师正常开设实验的因素：排在前三位的分别是课时限制（92.59%）、实验室条件限制（71.60%）、实验材料难以获取（48.15%）。数据显示，学校正常开设实验的情况与我们的课程目标有差距。

（4）实验教学改进情况：33.33%的教师团队经常对实验课进行改进，60.49%的教师偶尔对实验进行改进。

（5）实验改进项目：教师对实验材料改进比例最高占83.95%；其次是实验方法改进占72.84%、实验仪器设备改进占65.43%、实验呈现方式改进占64.20%。

（6）实验微视频素材的使用：98.77%的教师会使用微视频作为实验辅助材料，且比例最高的使用在分组实验前占71.60%。来源于自己制作的占45.68%，这个比例相对值得肯定。

（7）实验改进建议参照借鉴：97.53%的教师愿意尝试改变自己的实验教学课堂。

五、研究意义及研究价值

1. 促进初中生物实验教学的发展

充分挖掘珠海本地生物资源，制定适合本地区的实验方法，优化和改进实验教学，让实验教学活动易操作、成本低、方案更优化，提高实验成功率。通过实验改进个案的研究、收集、分享，为老师们提供实验改进的思路、经验和方法，案例可供参考与借鉴。

2. 促进学生发展

立足新课标，让优化的实验方案能满足师生开展实验活动的需要。通过实验的有效开展，达到培养学生实验能力的目的和要求。

3. 促进教师及团队共同发展

转变教师在授课过程中照本宣科的保守意识，团队成员优势互补，相互帮助和学习，在研讨中进步，在分享成果中得到发展。同时，通过课题主持人和成员的辐射带动作用，鼓励其他一线教师对实验教学有更多的思考和创新。

4. 促进互联网背景下教学资源的共享

课题组成果包括实验改进案例集和实验改进微课集。在珠海市香洲区创建学习型智慧校园背景下，实现网络微课教学资源共享，给学生提供无处不在的学习体验，促进师生教与学方式的多元化发展。

六、研究内容

（一）研究目标

1. 基于珠海本地生物资源，对初中生物实验教学进行改进

基于本土生物资源，对生物实验材料、实验器具、实验方法和步骤、实验呈现方式四个方面改进的专题研究，使实验在设计上更科学、更切实可行；实验操作更简洁、更生活化；实验效果更直观、更有说服力。

2. 提炼初中生物实验改进的经验

通过实践研究和经验总结，提炼出改进实验的重要方式方法，不仅对珠海本地区生物教师有所指导，同时对其他各地初中生物教师的实验改进、创新有重要的参考意义。

3. 提高教师对教材的改进、创新能力

在研究过程中转变教师的教学观、教材观，提高创新意识和创新能力。带动提高学生的创新意识和培养创新精神，提高学生的自主创新和实践能力。

（二）研究方法

主要采用行动研究法、文献法、实验法、案例研究法。

（三）研究流程和实施步骤

1. 研究流程图

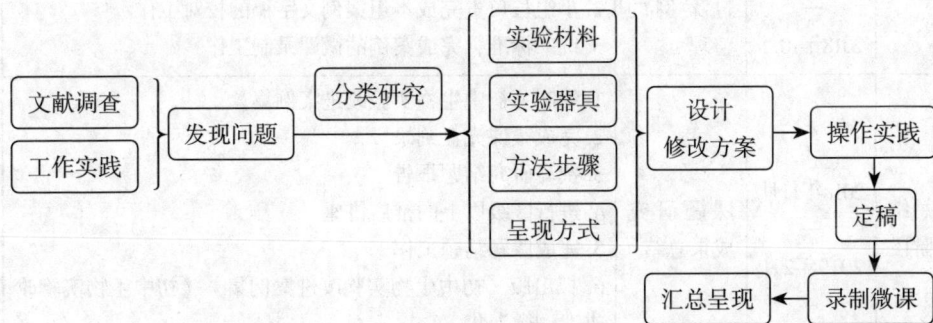

图11　研究流程图

2. 研究实施步骤

表2　研究步骤表

研究阶段	起止时间	工作步骤	途径、方法
准备阶段	2017年1月—2017年7月	前期准备	1. 组建课题团队 2. 查找资料，组织学习 3. 课题组成员开展实验创新经验的研讨活动 4. 建立课题研究制度、过程管理制度
课题立项	2017年8月	申报广东省"十三五"规划课题	1. 填写课题申报书 2. 课题获得广东省中学生物教学研究"十三五"规划课题（2017年）立项，课题批准立项编号：YZSH-2017-C-b003
实施阶段	2017年9月	1. 课题组成员分工	见下表

组别	组长	组员
1	贝丽妍	朱琦、王红、杨敏旭、赖翠敏、邓力强
2	罗春愈	索影、邓莉、杨洋、李青、孙玉硕
3	邱建萍	鹿鸣、呼小明、彭晓瑜、邹小梅
4	梁志伟	张筱蔼、易秦、丁沛斌、张晓华

研究阶段	起止时间	工作步骤	途径、方法
实施阶段	2017年10月—2018年3月	2. 实验改进案例的实践	1. 各课题组成员收集并整理案例素材，填写《初中生物实验教学改进（北师大版）说明书》，形成改进案例初稿 2. 各小组成员上交案例初稿，主持人带领各组长集体研究实验改进方案的可行性及采用的价值，选出建议采用的案例 3. 课题中期验收，完成中期报告
	2018年4月—2018年10月	3. 实验改进案例的整理	1. 统一标准，各成员完成实验改进案例的文字整理工作 2. 小组长负责完成本组案例文字稿的校对工作 3. 统一标准，完成案例的微课录制工作
总结阶段	2018年11月—2019年2月	课题研究成果总结	1. 编制《初中生物实验改进案例集》 2. 完成微课光盘刻录 3. 撰写研究结题报告 4. 进行区级以上的推广讲座 5. 完成课题结题工作 6. 拟出版《初中生物实验改进案例集》《初中生物实验改进案例微课集》 7. 将微课上传至智慧校园"微课云"，实现优质资源共享

七、研究成果

（一）成果一：教师专业素质和能力提升

表3 开展专题活动汇总

项目	时间	内容	主讲人	地点	范围
专家讲学	2016年10月13日	论文写作、个人专业发展之路	广东省特级教师熊志权	七中	工作室成员
邀请优秀的课题组成员讲座	2016年11月30日	《会声会影在微课制作中的应用》《如何搜索教学资源》	珠海第十一中学丁沛斌	十一中	全区初中生物教师
	2016年11月30日	《微课制作技巧》《互联网教学资源的开发和利用》	珠海湾仔中学鹿鸣	十一中	全区生物教师
	2016年12月28日	《这样制作课件，更有趣哦》	珠海第七中学罗春愈	十中	工作室成员
	2016年12月28日	《广东省实验操作与创新技能竞赛参赛经验》	珠海唐家中学梁志伟	十中	工作室成员
	2017年4月26日	《生物分组实验的开展》	珠海湾仔中学邱建萍	十中	全区生物教师
	2017年5月10日	《微课题申报攻略及开展"一师一优课"经验分享》	珠海第九中学呼小明	新世纪学校	全区生物教师
	2017年10月24日	《互联网在生物教学中的应用》	九洲中学杨敏旭	十一中	全区生物教师
	2017年10月24日	《如何搜索教学资源》	珠海第十一中学丁沛斌	十一中	全区生物教师
	2017年10月24日	《互联网教学资源的开发和利用》	珠海湾仔中学鹿鸣	十一中	全区生物教师
	2018年5月9日	《如何规范出生物试题》	珠海湾仔中学邱建萍	八中	全市生物教师
阅读优秀书籍	2017年1月—2018年12月	研修书籍有：《给教师的建议》《生物学与生活》《生物学实验教学疑难解答》和《英国中学主流教材——生物》，内容涉及教育理论、教学实践及学科专业等方面			工作室成员
课程资源实地考察活动	2017年6月7日	1. 参观斗门裕禾养殖有限公司麻黄鸡的孵化、养殖、饲料加工厂 2. 横琴芒洲湿地公园			工作室成员
	2018年1月5日	1. 珠海绿手指有机农业基地 2. 珠海六乡水松林自然保护区			工作室成员

项目	时间	内容	主讲人	地点	范围
公开交流研讨课	2017年4月26日	同课同构教学活动《尿的形成和排出》	十中张晓华、九中徐元元	十中	工作室成员
	2017年5月10日	送课下民办学校《反射和反射弧》	夏湾李青	新世纪学校	工作室成员
	2017年5月17日	新课程教学研讨课《非条件反射与条件反射》	文园中学邓莉	文园中学	全区生物教师
	2017年6月14日	同课同构教学活动《七年级下册复习课》	夏湾中学杨洋、李青	九洲中学	全区生物教师
	2017年12月27日	新课程教学研讨课《花的结构》	九洲中学杨敏旭	九洲中学	全区生物教师
	2018年4月25日	新课程教学研讨课《肺与外界的气体交换》	七中罗春愈	容闳书院	全区生物教师
	2018年5月9日	新课程教学研讨课《外来物种入侵》	八中朱琦	八中	全区生物教师

（二）成果二：成员参加各类比赛

2016—2018年间，成员在"一师一优课""课堂比赛""课题成果""论文发表""论文获奖""教学设计""学生竞赛""个人荣誉""公开课""讲座"10项竞赛中共获得194项成果荣誉，其中国家级15项、省级76项、市级60项。主要成绩如下（省级一等奖以上）：

表4　专业技能比赛获奖汇总

项目	时间	内容	作者	获奖情况
一师一优课	2016年	动物的生殖和发育	九中彭晓瑜	部优
		生态系统的功能	文园中学邓莉	
		发酵技术	唐家中学梁志伟	
		心脏	八中王红	
		合理膳食与营养	九洲中学杨敏旭	
		尿的形成与排出	七中罗春愈	
	2017年	神经调节的基本方式	夏湾中学李青	
		骨的结构与功能	十一中易秦	
		合理膳食与食品安全	十中张晓华	

项目	时间	内容	作者	获奖情况
一师一优课	2017年	尿的形成和排出	湾仔中学邱建萍	部优
	2018年	外来物种入侵研学活动	八中朱琦	
		食物的营养物质	十一中易秦	
		发酵食品的制作	十一中丁沛斌	
		家居环境与健康	九中呼小明	
专业能力比赛	2016年	广东中学化学和生物实验教师实验操作与创新技能竞赛	唐家中学梁志伟	省一等奖
		广东计算机教育软件评审信息技术与学科教学整合课例	九洲中学杨敏旭	省一等奖
		广东省创新实验视频《验证绿叶在光下合成淀粉》	十一中丁沛斌、易秦	省一等奖
	2017年	第二十一届全国教育教学信息化大赛课例《输血与血型》	十一中丁沛斌	国家一等奖
		微课《探究不同食物贮存能量的差异》	七中罗春愈	国家三等奖、省一等奖
		中南六省中学生物教学研讨会现场教学	九洲中学杨敏旭	省一等奖
		广东省中小学青年教师能力大赛	湾仔中学邱建萍	省一等奖
	2018年	第二十二届全国教育信息化大赛微课《叶片的结构》	十一中易秦、丁沛斌	省一等奖
		第二十二届全国教育信息化大赛微课《植物生殖器官的生长》	十一中张筱蔼、丁沛斌、易秦	省一等奖

（三）成果三：主持人（市级以上）

表5 课题研究汇总

时间	课题名称	作者	级别	单位
2016年7月	初中科技实践活动小课题开发和实施的研究	贝丽妍	市级	八中
2016年12月	初中生物教学家庭实验研究	张晓华	市级	十中
2017年5月	激发生物学科后进生学习兴趣的研究	朱琦	省级	八中
2017年8月	初中生物实验教学的改进实践研究	朱琦	省级	八中
2017年8月	基于核心素养的分组活动在初中生物课堂教学中的实践研究	邱建萍	省级	湾仔中学

（四）成果四：论文发表（市级以上）

表6 论文发表汇总

时间	论文题目	刊物名称	刊物级别	作者	单位
2016年12月	珠海本地生物资源与生物教学整合的研究	《科教导刊》	省级	朱琦	八中
2017年1月	人体血液循环简易模型的制作与使用	《中学生物教学》	国家级	梁志伟	唐家中学
2017年6月	生物课堂需要倾听学生的呼唤	《新课程》	省级	邱建萍	湾仔中学
2017年7月	基于研究性学习教师实施监控的方法初探	《文理导航》	省级	朱琦	八中
2017年11月	浅谈初中生物教学的留白艺术	《中学生物教学》	国家级	朱琦	八中
2017年12月	开展研究性学习，提高学生生物学综合素养	《华夏教师》	省级	朱琦	八中
2017年12月	虚拟实验在初中生物实验教学中的应用	《珠海教育》	市级	贝丽妍	八中
2018年1月	例谈初中生物生活化教学与多学科的交叉融合	《中学生物教学》	国家级	罗春愈	七中
2018年1月	基于名师工作室促进教师专业发展的策略和方法	《名师在线》	省级	朱琦	八中
2018年6月	初中生物分层小组合作教学，提高潜能生学习能力	《学周刊》	省级	朱琦	八中
2018年6月	寻找故乡的味道——关于调查春节美食的生物综合实践活动	《在整合中形成价值导向》	省级	彭晓瑜	九中

（五）成果五：成员教学设计（省级一等奖以上）

表7 教学设计获奖汇总

时间	作品名称	级别	作者	单位
2017年5月	细胞的能量通货——ATP	省级一等奖	赖翠敏	九洲中学
2017年5月	生态系统的功能云课堂教学设计	省级一等奖	邓莉	文园中学
2017年10月	观察温度和湿度对霉菌生长的影响	省级一等奖	易秦	十一中
2018年5月	尿的形成与排出	省级一等奖	邱建萍	湾仔中学

（六）成果六：成员实验改进案例集

《初中生物实验设计与思考》一书已由民主与建设出版社出版，共收集成员实验改进案例40个，每个案例教学设计包括：实验在教材中所处的地位与作用、教材中实验原型、实验改进类别、材料器具、方法步骤、改进亮点和参考文献七项内容。此书是师生开展实验和实验教学的好帮手。

（七）成果七：成员实验改进微课集

《初中生物实验改进案例微课集》共收集微课40个，图片和视频清晰，制作精良，方便师生使用。

（八）成果八："初中生物实验教学的改进实践研究"结题报告

（略）

八、研究价值

（一）建立新课程理念下的教师观

新课程理念下，教师要有新理念、新课程观和创新意识，要有主动找寻、开发和利用身边课程资源的意识和行动；能直面教学中的困难，树立正常开展实验教学的信心和勇气；挖掘生活中可利用的资源，在工作中不断摸索和积累，不断汲取同行们的建议和经验；同行的案例，可以模仿、使用并进一步创新，形成自己的教学特色和风格。

（二）初中生物实验改进的实践经验、策略汇总

1. 章节前后顺序排列

《初中生物实验设计与思考》一书以教材章节前后顺序排列，方便教师查找。

2. 案例涉及内容多样、范围广泛

有科学探究实验、动植物解剖生理实验、种植养殖实验、野外考察、资源调查及小制作、模拟设计等内容。实验内容选择体现贴近学生生活、贴近自然、贴近社会，注重激发学生学习兴趣。许多实验还延伸了实验内容范围，引导学生发散性思维，开阔视野，能从多角度思考深入探究实验内容。例如，"探究唾液对淀粉的消化作用"不仅采用教材中适用的馒头材料，还提供稀饭、土豆、香蕉、芋头、番薯、玉米熬的汤为实验材料。

3. 实验内容突出重难点知识，涵盖初中重点的实验和概念

植物的光合作用、呼吸作用、吸收作用、蒸腾作用，植物的生殖和发育，人体的消化和吸收、血液循环、呼吸作用，动物的生殖和发育，都是初中阶段的重难点知识。实验改进后将提高实验成功率，有助于学生对重难点概念的理解和概念的生成。

4. 实验效果可行性好

研究组成员经过反复研讨、交流和座谈，层层把关，反复实验并多次修改。取得理想的实验结果后再形成文字稿和录制微课，保证了实验改进案例的可行性。

5. 实验材料的改进具有地方性特色

因为地域环境原因，在原教材中有些实验材料难以获取。比如，《探究非生物因素对生物的影响》实验，将原实验材料中的鼠妇改为黄粉虫或小鱼；观察植物的光合作用、植物的叶片结构采用校园里栽种的红薯叶、华灰莉木；解剖和观察花的结构将桃花改为珠海最常见的粉花羊蹄甲植物的花。

6. 实验改进案例实用性强

每个案例统一书写格式和项目。在方法步骤环节，用翔实的文字、图片、数据表格进行表述，力求简明，通俗易懂，直观性和实用性强，帮助教师们理解、学习和模仿。

7. 实验改进微课制作精美，可作为上课教学素材

每个实验改进案例录制有微课内容，可作为课前、课中、课后的教学素材。比如，朱琦老师的微课《饲养家蚕》《参观养鸡厂》《兰花的组织培养》，不仅有养殖过程方面的详细介绍，也有对实验对象结构特点、养殖工作原理等方面翔实的介绍。每个案例素材齐全，内容是书本知识的拓展和延伸。微课凝聚了成员们的心血，值得推荐。

8. 依托互联网，为学生提供无处不在的学习体验

微课资源共享，为智慧校园提供教学资源。

（三）实验改进案例汇总

表8 朱琦中学生物名师工作室生物实验教学改进案例汇总表

序号	章节	实验课题名称	实验原型	实验改进	改进主要类别				作者
					实验材料	实验方法步骤	实验器具	实验呈现方式	
1	第2章第2节 生物学研究的基本方法	水温变化对小鱼呼吸的影响	光照条件对鼠妇的影响	探究水温对小鱼呼吸的影响	√	√			邹小梅
2	第3章第2节 细胞是生命活动的单位	探究草履虫对食盐刺激的反应	变形虫	实验材料的改进：草履虫代替变形虫	√				庞鸣
3	第3章第3节 细胞通过分裂而增殖	研究细胞大小和物质扩散而的关系	酚酞琼脂块模拟细胞、氢氧化钠溶液模拟细胞外的物质	实验材料的改进：用煮熟的萝卜块代替琼脂块，用红墨水代替氢氧化钠溶液	√				张筱蔼 丁沛斌 易秦
4	第3章第3节 细胞通过分裂而增殖	研究细胞大小和物质扩散的关系	酚酞琼脂块模拟细胞、氢氧化钠溶液模拟细胞外的物质	实验材料的改进：用煮熟的土豆块代替琼脂块 实验方法的改进：定量分析。同等体积下，表面积越大，越有利于细胞与外界进行物质交换	√	√			杨洋 李青
5	第5章第1节 光合作用	观察菠菜叶（观察栅栏、海绵组织）的结构	观察叶片的结构	实验方法的改进：宏观呈现气孔（用注射器让气体从气孔冒出） 实验材料改进：用龙舌兰代替蚕豆叶	√	√	√	√	王红 贝丽妍 郑树益

123

续 表

序号	章节	实验课题名称	实验原型	实验改进	改进主要类别				作者
					实验材料	实验方法步骤	实验器具	实验呈现方式	
5	第5章第1节 光合作用	观察叶片的结构	观察蚕豆叶（观察叶片的气孔）	实验方法改进：用指甲油涂抹叶表皮，撕下指甲油层观察气孔	√	√	√		王红 贝丽妍 郑树益
6	第5章第1节 光合作用	光合作用释放氧气	光照条件下，收集金鱼藻释放的氧气，用带火星的木条验证	实验方法和装置改进：将长条金鱼藻剪短；塑料瓶装有含碳酸氢钠的溶液，加入金鱼藻；在阳光下照射，用带火星的木条来检验氧气		√	√		杨洋 李青
7	第5章第1节 光合作用	验证光合作用的产物淀粉	天竺葵为实验材料	实验材料的改进：用番薯叶代替天竺葵	√				易蓁
8	第5章第1节 光合作用	验证光合作用的产物淀粉	天竺葵为实验材料，酒精水浴加热，碘液染色	实验材料：用长春花代替天竺葵 实验方法的改进：酒精中加入碘液，利用酒精低沸点的特点，用热水加热，使酒精沸腾，破坏植物细胞膜，使碘与淀粉发生反应	√	√			邓力强
9	第5章第1节 光合作用	观察叶片的结构	菠菜叶、青菜、蚕豆叶	实验材料的改进：非洲茉莉等革质较多的叶片 实验方法和步骤的改进：用温水浸泡叶片感受气孔的存在	√	√			张筱蒨 丁沛凝 易蓁

续 表

序号	章节	实验课题名称	实验原型	实验改进	改进主要类别				作者
					实验材料	实验方法步骤	实验器具	实验呈现方式	
10	第5章第1节 光合作用	二氧化碳是光合作用的原料	氢氧化钠溶液吸收二氧化碳	实验方法和步骤的改进：用石蕊溶液颜色变化未检验二氧化碳的变化，证明光合作用需要二氧化碳		√			杨敏旭 赖翠敏
11	第5章第2节 呼吸作用	观察植物的呼吸现象	植物的呼吸现象由三个单独的演示实验完成	实验材料、器具、方法和步骤的改进：实验三合一，完成呼吸作用消耗氧气，释放二氧化碳的验证		√	√		邱建洋
12	第5章第2节 呼吸作用	植物的呼吸作用	植物的呼吸现象由三个单独的演示实验完成	实验材料及器具改进：材料多元化，包括有植物的不同器官；用矿泉水瓶代替原装置	√	√			呼小明
13	第5章第2节 呼吸作用	植物的呼吸作用	植物的呼吸现象由三个单独的演示实验完成	实验器具改进：用三套简易装置完成实验		√			王红 贝丽妍
14	第5章第3节 吸收作用	观察根毛的结构	观察小麦和玉米幼苗的根毛	实验器具、方法和步骤的改进：用纸筒培养白菜种子使其萌发，观察根毛		√	√		张筱菁 丁沛减 易素
15	第5章第3节 吸收作用	探究植物细胞的吸水和失水	以萝卜或马铃薯为实验材料	实验材料的改进：用葱花代替萝卜条，条件包括清水、10%盐水、20%盐水	√			√	杨洋 李青

序号	章节	实验课题名称	实验原型	实验改进	改进主要类别				作者
					实验材料	实验方法步骤	实验器具	实验呈现方式	
16	第5章第3节 吸收作用	探究植物细胞的吸水和失水	萝卜或马铃薯为实验材料，观察不同浓度下的材料变化	实验材料改进：将萝卜切成圆环 实验呈现方式：直观观察对比，清水浸泡的中心圆萝卜和饱和浓盐水浸泡的中心圆萝卜	√			√	索影
17	第5章第4节 蒸腾作用 第5节 运输作用	观察植物的蒸腾失水和茎对水和无机盐的运输	蒸腾作用和运输作用为两个独立的实验	实验材料、器具、方法和步骤的改进：两个实验一起做，用塑料瓶代替玻璃锥形瓶，甲瓶去树叶，乙瓶去叶不做任何处理，丙瓶不做任何处理	√	√	√		索影
18	第5章第5节 运输作用	观察导管和筛管	杨树条或凤仙花为实验材料	实验材料、器具、方法和步骤的改进：改用芹菜茎、百合花为实验材料，利用红墨水染色后，进行横切和纵切，并制作临时装片，在显微镜下观察植物的导管和筛管	√	√	√		呼小明
19	第6章第1节 种子萌发形成幼苗	探究种子萌发的外部条件	绿豆种子，水和温度两个条件下种子萌发情况的观察	实验材料和器具的改进：选用萝卜种子代替绿豆种子，并改良实验装置	√	√	√		罗春愈
20	第6章第1、2节 种子萌发形成幼苗、营养器官的生长	种子萌发（条件、发芽率、种子萌发时的形态结构的变化）	观察小麦或者菜豆、绿豆种子萌发过程中的形态变化	实验器具、方法和步骤的改进：学生用颜料盘代替表面皿，在一个器具上可以直观展示种子萌发的各阶段过程	√	√	√	√	张晓华

续表

序号	章节	实验课题名称	实验原型	实验改进	改进主要类别					作者
					实验材料	实验方法步骤	实验器具	实验呈现方式		
21	第6章第2节 营养器官的生长	解剖观察芽的结构	观察丁香或毛白杨的叶芽结构	实验材料的改进：用紫甘蓝代替丁香的叶芽	√					邱建祥
22	第6章第3节 生殖器官的生长	解剖观察花的结构	观察桃花的结构	实验材料、方法的改进：采用地方性植物资源（粉花羊蹄甲）进行观察，并采用贴画形式展示花的结构	√	√				张晓华
23	第8章第2节 食物的消化和营养物质的吸收	探究唾液对淀粉的消化作用	观察唾液对馒头或米饭的消化作用	实验材料及方法、步骤的改进：用多种食物浸出液、稀饭代替馒头块	√	√				丁沛斌
24	第8章第2节 食物的消化和营养物质的吸收	淀粉和葡萄糖透过透析袋的差异	观察淀粉和葡萄糖是否能透过透析袋	实验材料的改进：用防水衣代替透析袋，用U型浸泡方法防止侧漏	√	√	√			张筱嵩 丁沛斌 易蓁
25	第8章第2节 食物的消化和营养物质的吸收	淀粉和葡萄糖透过蛋壳膜的差异	观察淀粉和葡萄糖是否能透过透析袋	实验材料的改进：利用盐酸溶解蛋壳制作半透膜代替透析袋	√	√	√			杨洋 李青 罗春愈

续表

序号	章节	实验课题名称	实验原型	实验改进	改进主要类别				作者
					实验材料	实验方法步骤	实验器具	实验呈现方式	
26	第9章第1节 血液	模拟血型鉴定实验	无明确材料说明	实验材料的改进：通过血型鉴定模拟实验，理解并分析血型鉴定的原理用A型标准血清（维生素B₁溶液），B型标准血清（鲜橙汁），A型血（纯牛奶），B型血（碘液），O型血（红色墨水），AB（橙汁和碘液混合）	√				邓莉
27	第9章第1节 血液	动脉血、静脉血的转换	通过观察动物血块来区分动脉血、静脉血	实验方法的改进：人体静脉血注入氧气，对比两种血液的变化	√	√			赖翠敏 杨敏旭
28	第9章第2节 血液循环	模拟血液循环过程	用视频或模型展示血液循环的过程	实验器具的改进：制作的整套模型可以模拟：(1)血液循环流动 (2)心脏瓣膜保证血液的单向流动 (3)心脏是动力 (4)心脏活动规律 (5)血液成分变化		√		√	梁志伟
29	第9章第2节 血液循环	观察小鱼尾鳍的血液流动	观察小鱼（或金鱼）尾鳍	实验材料的改进：用泥鳅作为实验材料	√				邓力强
30	第9章第2节 血液循环	模拟练习止血包扎	书本用图例展示三种出血种类及动脉出血止血包扎方法	实验呈现方式的改变：模拟三种血管出血特点和包扎方法，并录制微课				√	王红 贝丽妍

序号	章节	实验课题名称	实验原型	实验改进	实验材料	实验方法步骤	实验器具	实验呈现方式	作者
					改进主要类别				
31	第10章第1节食物中能量的释放	探究不同食物贮存能量的差异	课本提供两种热量测定仪装备图，测量食物贮存能量	实验器材、方法和步骤的改进：用空薯片罐代替易拉罐，用探针温度计代替普通温度计，用试管代替锥形瓶，天平称量燃烧前后的花生重量，计算每克食物样品中贮存的能量（定量）	√	√			罗春愈
32	第10章第2节人体细胞获得氧气的过程	呼吸运动的模型	教材原型用钟形罩和Y形管模拟胸腔和气管，呼吸运动变化	实验器具和方法的改进：用塑料矿泉水瓶模拟人胸腔，气球和橡皮膜模拟人的肺和膈肌		√	√		贝丽妍 王红
33	第10章第2节人体细胞获得氧气的过程	呼吸运动的模型	教材原型用钟形罩和Y形管模拟胸腔和气管，呼吸运动变化	实验器具和方法的改进：用塑料矿泉水瓶模拟人的胸腔，气球和橡皮膜模拟人的肺和膈肌。四个不同性质的模型体现层进关系		√	√		梁志伟
34	第12章第1节神经系统与神经调节	反射弧的模型	教材只有图例，没有安排此实验	实验器具、方法的改进：用自制电路的灯和音乐来模拟反射弧成的反射活动	√			√	李青 杨洋
35	第19章第2节家蚕的生殖发育	饲养家蚕	安排学生在课外完成饲养活动	实验呈现方式的改变：教师问审并录制微课				√	朱琦

129

续表

序号	章节	实验课题名称	实验原型	实验改进	改进主要类别				作者
					实验材料	实验方法步骤	实验器具	实验呈现方式	
36	第19章第2节鸟的生殖和发育	参观养鸡场和孵化鸡卵	参观养鸡场、孵化鸡卵	实验呈现方式的改进：参观珠海地区鸡卵孵化中心、养鸡场、鸡饲料加工厂，录制微课				√	朱琦
37	第19章第3节植物的生殖方式	植物的组织培养	参观植物的组织培养基地	实验呈现方式的改进：参观珠海市农科所的兰花培育基地，录制微课				√	朱琦
38	第19章第3节植物的生殖方式	植物的组织培养	参观植物的组织培养基地	实验材料和实验呈现方式的改进：在学校实验室进行铁皮石斛的组织培养	√			√	邓莉
39	第19章第3节植物的生殖方式	瓜苗的嫁接实验	植物的营养繁殖尝试两种木本植物的芽接和仙人球的嫁接	实验材料和实验器具的改进：用南瓜苗和冬瓜苗代替木本植物，分别作为砧木和接穗	√				彭晓喻
40	第25章第1节发酵技术	制作沼气发酵装置	制造沼气	实验材料和实验器具的改进：用简易装置模拟沼气池，实验材料由猪粪改为薯条	√		√		林贤庆

九、研究成果推广范围和社会效益

经过两年的实践研究，成员们取得的成果达到了预期目的。我们第一次将教师们零散的实验改进案例收集成册，录制并完成可视化的微课案例集。本课题研究成果推广的范围和取得的社会效益主要体现在对参与该课题研究教师的教学水平提升，对其他教学一线教师教学行为的促进作用。

2018年11月，主持人朱琦老师获得广东省中学生物教学质量一等奖，她被邀请代表全省获得该奖项的教师发言，发言主要内容为介绍此项研究活动。合编《初中生物实验设计与思考》一书和《初中生物实验改进微课集》将分享给市内外一线生物教师，让更多的教师获益。

表9　主持人讲座汇总

时间	培训内容	项目	主办单位
2015年12月	初中生物实验改进研究	2016年广东省中考备考会议	广东省教师继续教育学会
2016年6月	如何上好中学生物实验课	阳江市中学生物实验教师培训班	阳江市教师校长培训中心
2016年12月	初中生物实验改进研究	2017年广东省中考生物备考会议	广东省教师继续教育学会
2018年6月	初中生物实验改进研究	2018年广东省中小学骨干教师（初中生物）能力提升高端研修班、乡村教师置换培训班、生物实验教师培训班	岭南师范学院广东省中小学教师发展中心
2018年10月	名师工作室的创建	2018年初中生物骨干教师能力提升高端研修班	岭南师范学院广东省中小学教师发展中心
2018年11月	名师工作室的创建	2018年广东省中小学幼儿园骨干教师、校长省级培训研修项目	肇庆学院省级中小学教师发展中心
2018年11月	名师工作室的创建及生物实验改进的研究	广东教育学会中学生物教学专业委员会2018年年会	广东教育学会中学生物教学专业委员会
2018年12月	初中生物实验改进的研究	2018年珠海市生物教师培训会	珠海市教育研究中心生物学科

十、研究启示和反思

由于研究者的研究水平和研究时间所限，本项目在研究过程中难免存在缺陷。研究的结题，并不意味着研究的结束，还需要在日后的实践中不断加以改进。

（1）在研究中发现，大部分学校生物实验课开出率偏低，特别是偏远山区或者薄弱学校，与学生渴求上实验课形成强烈反差。所以，教师不仅要从思想上加强对实验教学的重视，还应当提高教师个人专业素质，加强对实验原理解读、实验操作技能技巧、实验药品仪器使用、实验对象生理机能状态的把握等方面的学习与训练，才能真正有利于实验教学的开展和研发。

（2）初中七、八年级生物教学课时安排为每周2课时，课时紧，教学任务重，实验教学时间往往受教学进度影响而被挤压，"讲实验""实验录像代替实验"成为实验课程的常态。因此，教师对待实验教学工作在思想上要降低畏难情绪，在工作中不断摸索规律，调控教学时间和节奏，形成自己的实验教学风格和特色。

（3）许多实验个案还有待创新研究。由于本项目研究时间短，我们只对教材中部分实验进行了改进研究，而推出的这些实验案例也还需要反复验证和修正。任何实验方法技术都只有更好，没有最好，任何实验方法也都有进一步改进与完善的余地和必要。期待在应用过程中发现缺点和不足并予以纠正。

基于核心素养的生物实验创新策略

随着新课程改革的不断深化，"关注发展核心素养，推动落实立德树人"已成为生物学科教学的首要任务。生物学课程标准倡导以核心素养为宗旨，从生命观念、科学思维、科学探究和社会责任等方面发展学生的学科核心素养，强调学生主动参与学习探究的过程。考虑到实验活动是生物教学中最具活力、生机、有效的教学形式，可见其无疑是促进学生生物学科核心素养深度培育的重要途径。然而，目前的初中生物实验教学的多数实验因实验材料的选择、实验方法的实施、实验装置的设计、实验呈现的方式等在具体实施方面存在一定的困难，导致难以落实学生核心素养的培养，难以实现实验教学的可行性、高效性、指导性。因此，本文以课题实践研究为平台，以实验材料、实验方法、实验装置和实验呈现为切入点，立足实验创新策略，探讨基于核心素养的初中生物实验创新策略。

一、优化实验材料的选择

实验材料选择是否合理，是实验是否成功的衡量标准。然而，生物实验材料往往存在地域差异难以获取、取材季节与教学进度不一致、材料成本高、实验效果不明显、操作烦琐等因素制约，导致实验难以开展或以失败告终。因此，优化实验材料，本着具备代表性、典型性原则，选择一些容易采集、操作简便的材料，有助于实验的顺利开展，实现实验的成功。

例如，在实验"细胞大小与材料扩散之间的关系"中，考虑到七年级学生缺乏化学基础，实验材料之间的反应原理是模糊的，而且氢氧化钠溶液具有腐蚀性，增加了实验的危险性，因此引导学生用方便易得的实验材料，以新鲜的白萝卜、红墨水替换原材料，或采用土豆、碘液替换原材料（如图1、图2所

示），使他们在实验中熟知性高、制作方便、耗时短，还解决了实验危险性的
难题。整个实验更安全可靠，实验操作简便，实验现象明显，更有助于学生认
识细胞大小与物质交换速率之间的关系，理解细胞体积很小的原因等知识。

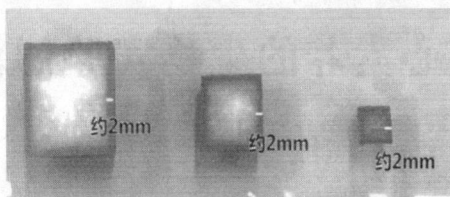

图1　用白萝卜研究细胞大小和物质扩散的关系

图2　用土豆研究细胞大小和物质扩散的关系

又如，在"制作沼气发酵装置"实验中，考虑到猪粪、植物秸秆、池底污
泥比较脏、味重等因素，以煮熟的马铃薯条代替猪粪、秸秆等材料（如图3所
示），这样，实验材料不仅容易制备，而且干净，还能让学生在轻松简单的实
验中直观形象地认识发酵技术之间的物质转化，强化学生对概念的融会贯通。

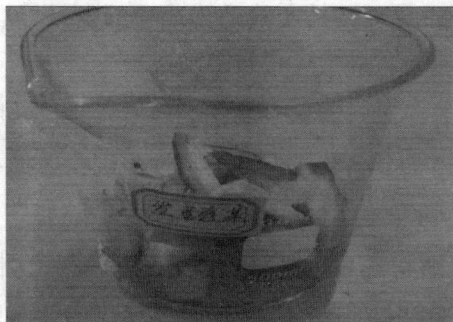

图3　发酵装置

因此，优化实验材料的选择，能使实验的处理过程更为简单，使实验现象更为明显，从而实现实验的可行性、实效性，使学生在活动中积极进行科学探究，感知体验，合作交流，促进学生在实验创新中较好地理解概念知识，学会思考与解决现实生活中的生物学问题，发展学生的科学思维，能使学生更好地理解生命现象与规律之间的因果关系，形成生命观念。

二、创新实验方法的实施

考虑到教材中有的实验方法步骤较为烦琐，过程缓慢，难以掌控；有的实验操作略有困难而难以实施；有的实验因方法不够严谨、效果不佳、不具有说服力；有的实验以演示、验证为主难以落实学生科学探究素养的培养。因此，教师要大胆创新实验方法，简化、优化实验方法步骤，才能有效地达成实验目的，实现实验的成功。

例如，在"验证绿叶在光下合成淀粉"实验中，考虑到原实验"酒精水浴加热脱色"步骤耗时过长，且课堂涉及实验知识、安全注意事项多，使教师难以在一个课时内较好地完成教学任务。因此，尝试创新方法探究，用地方常见的长春花替代天竺葵原材料（如图4所示），采用0.4%的碘酒溶液，这样，省略水浴加热酒精进行脱色的步骤，直接将叶片置入放有碘酒溶液的试管中，并将试管置入盛有开水的烧杯中约90秒（如图5所示），从而提高实验的安全性，实现快速、简单、安全、低耗的实验教学（如图6所示）。创新实验方法的实施，能引导学生学会观察、比较、分析、推理等思维活动，让学生站在科学家的角度去反思实验过程，从而既能落实新课标"以学生为主体"的目标，又能发展学生的科学思维能力，培养学生的科学探究素养。

图4 实验材料长春花

图5 改进后的实验装置

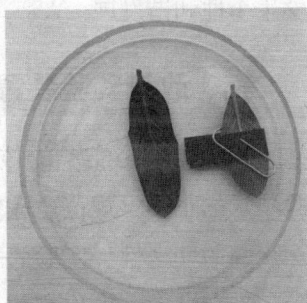

图6 改进后的实验结果

又如，在"观察根毛"实验中，教材采用小麦或玉米幼苗，不易得且耗时长，用放大镜观察根毛较为困难。此外，考虑到多个班做重复实验，实验材料损耗比较大，因此，引导学生以小组为单位，查阅文献资料，尝试改用发芽时间短且容易获取的菜心种子，用纸筒固定种子，加水使其萌发，紧贴烧杯壁，种子萌发的效果特别好，根毛生长清晰可见，而且可以重复观察，不会破坏根毛（如图7所示）。创新实验方法的实施不仅可以激发学生的探究欲望，培养学生科学的探究能力，而且可以取得良好的实验效果，有效提高课堂效率，拓宽学生思维，发展学生的科学思维，增强学生对实验的理解。

图7　菜心种子萌发

因此，创新实验方法的实施，引导学生在实验中善于思考，不仅提升了学生的观察、分析、思考、创新能力，还抓住了实验活动的本质，简单高效地达成了实验目标，训练了学生用科学思维去理解现象、解决问题的能力，有助于学生个性和谐发展。

三、改进实验装置的设计

实验器具是实验的核心组成部分，决定着实验现象的效果明显与否。实验装置的正确、规范、完整、简便、安全与否，直接与实验设计的科学性、方法步骤的安全性、实验效果的显著性等密切关联。因此，实验装置若能简单明了、安全高效、操作简便、可重复利用，器材来自生活，简单易得，很大程度上能够促进实验的开展和推广。

例如，在"探索种子萌发的外部条件"实验中发现该实验在教学上存在以下不足：①结合教学进度实验在冬季，绿豆种子萌发需要3～4天，耗时长，且完全浸没在水中的绿豆种子大部分也会萌发，出现了异常的实验现象。②教材中实验原型采用4个锥形瓶，略显复杂，对比观察效果不够理想。③实验缺乏延伸和拓展。因此鼓励学生采用萝卜种子代替绿豆种子，用透明的矿泉水瓶、海绵、一次性筷子等材料改进实验装置的设计，不仅解决了耗时长、实验异常现象等问题，使实验现象更具说服力，还可以利于实验的延续和拓展，如萌发后的种子根毛明显，进行"观察根毛"实验，且能继续培养幼苗，探究"植物生活需要无机盐"实验，实现了实验装置的多效性（如图8所示）。此外，实验装置海绵、矿泉水瓶、木筷都是废物利用（如图9所示），所占空间小，体现了探究实验的三个原则：设置对照、控制变量、减小误差，从而使学生在探究过程中更易对比观察，效果明显（如图10所示）。

图8 萌发后的萝卜种子

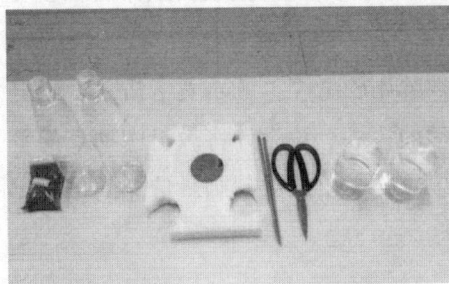

图9 实验装置

图10 改进后的实验设计

因此，在实验探究中鼓励学生突破教材限制，改进实验装置的设计，既是实验内容的创新，又是教学形式的创新。引导学生针对生物学现象进行观察，发现问题，敢于质疑，勇于创新，启发学生利用身边易得的环保材料改进实验装置的设计，让他们动手、动脑相结合，在结果交流与评价中尝试解决问题，从而促进生物学概念的形成，发展学生的科学思维，大胆自主创新设计并实施实验，培养了学生的科学探究能力，掌握了科学探究的一般方法。

四、丰富实验呈现的方式

生物的生命周期都有一个相对比较漫长的过程，有些实验观察耗时比较长，如饲养家蚕、孵化鸟卵等；有些实验涉及户外参观活动，如参观组织培养、参观养鸡场等；有些概念只有模式图，如反射弧、血液循环路线等。此外，在现有的学习材料中，鲜有完整且针对教学用的视频或微课素材。因此，教师可以创造性地丰富实验呈现的方式。比如，教师自己或带领学生自制教具模型呈现，或将实验过程呈现效果好、具有代表性的相片和视频制作成微课直观呈现，或以融入参与性的演示实验互动呈现，凸显生活化的实验延伸呈现方式，在多样化的呈现方式中引导学生积极参与实验活动的讨论学习，对促进学生生物学科核心素养的培养具有重要作用。

例如，在"饲养家蚕"实验中，教师跟踪拍摄金丝蚕一个生命周期50天的生命历程，查阅并了解家蚕的身体结构、不同生长阶段的特征等相关资料，录制了8分钟《金丝蚕的成长日记》微课，既能为学生和教师饲养家蚕、授课提供很好的学习资料（如图11所示），又可使学生在观看实验微课时直观感受生命的历程，是引领学生关怀生命的关键手段，有助于学生树立敬畏生命的社会责任意识。

又如，在"反射弧演示器"实验中，教师用硬纸壳、音乐贺卡机芯、细电线等简单材料，模拟反射弧结构、神经冲动的传导。该设计将教材中抽象的平面结构图变为直观的教具，通过灯闪、音乐响，学生感受到刺激信息的传导过程，从而较好地完成实验教学（如图12所示）。

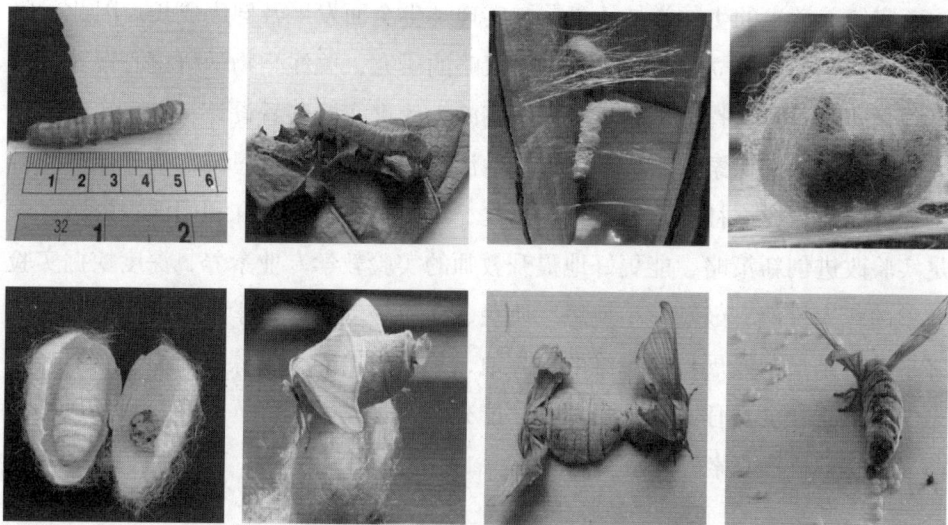

图11　教师拍摄的金丝蚕不同发育阶段的图片

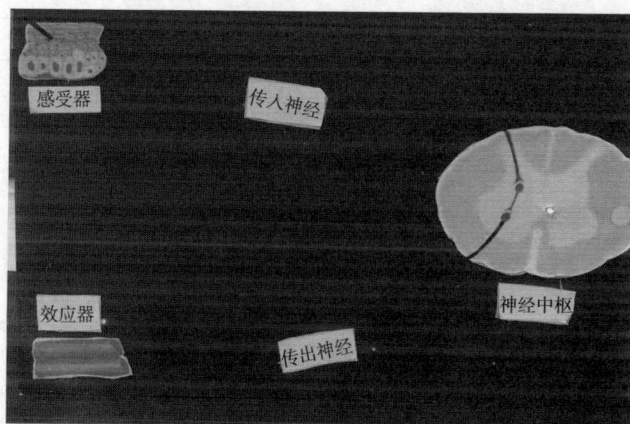

图12　反射弧演示器

因此，多样化的实验呈现方式一方面能提高教师整合教材实验的能力，另一方面能培养学生动手、动眼和动脑的能力。丰富实验呈现的方式既要以高效学习为切入点，紧扣实验目标的落实，又要基于教学实际的基础，充分且有效地使学生在实验过程中全面发展，真正凸显、落实生物学科核心素养的培养。

　　生物学是一门基于实验活动的学科，新课程理念倡导在生物课堂教学中关注落实培养学生的生物学核心素养，实现学生全面发展及健康成长。因此，坚持带领课题组成员立足实验改进创新策略的研究，关注生物学科核心素养，尝试优化实验材料选择、创新实验方法实施、改进实验装置设计、丰富实验呈现方式四个方面的探索，引导学生形成生活观念，发展科学思维，培养他们的科学探究能力，树立社会责任意识。总之，灵活整合、开发和利用课程资源，立足实验改进创新策略，能更好地提升教师的实验教学专业素养，深度挖掘实验教学的育人价值，鼓励学生反思、质疑、交流与创新，是学生形成生命观念的好平台，是学生发展科学思维的主阵地，是学生培养科学探究能力的新捷径，是学生树立社会责任意识的奠基石，能充分实现学生全面、健康、快乐成长，凸显生物学科核心素养的重要意义。

地方课程资源在生物教学中的应用

为适应时代的发展和对人才培养的需求，国家的新课程改革已全面实施。新版的《全日制义务教育生物课程标准》，是指导我们生物教师教育教学的纲领性文件。它在继承我国现行生物学教学优势的基础上，力求更加注重学生核心素养的培养，注重学生全面发展和社会需求，更多反映生物科学技术的发展，更加关注学生已有的生活经验，更加强调学生的主动学习，同时增加了更多的实践环节。新课程期望使每个学生通过生物课程的学习，能够对生物学知识有更深入的理解，能够使他们对今后的职业选择和学习方向有更多的思考，能够在探究能力、学习能力和解决问题的能力方面有更好的发展，能够在责任感、合作精神和创新意识等方面得到较大的提高。

新课程标准对学生期望值的提高，必然对教师的教育教学水平有更高的标准和更为严格的要求。在新形势下，如何改变教师仅仅依靠教科书或只利用教学参考配套课件、网上下载的现成资源开展教学活动，如何因地制宜开发和利用、整合地方课程资源，以增强生物教学的实践性、直观性、趣味性，提高学生学习生物学科的兴趣，最终达到提高学生个人素质和生物教育教学质量，是当前初中生物学教学中值得探讨的问题之一。

一、地方课程资源开发和利用的意义

珠海市初中生物学科选用的是北京师范大学出版社出版的《生物学》教材。教材撰写内容中，相比之前使用的人教版教材，除了基础知识以外，还增加了"设计""演示实验""探究活动""调查""课外实践""角色扮演""制作""技能训练"等学习环节。要不打折扣地完成这些学习环节，单纯依靠教师不可能完成教学任务，也达不到预期的教育教学目标。因此，从教材编写的出发点来看，已明确要求把学生置于教学的中心地位。

新课程所倡导的一个重要理念，就是课程向现实生活回归，让学生在自己生活的、熟悉的环境中进行学习。如果课程远离学生的生活，只是一些抽象知识和概念的堆积，学生就不能也不可能进行有意义的学习。

由于各地区各学校配套教育教学设施和生物实验室条件的不足以及生物教师自身观念上的不重视，"讲实验""假探究""教师一言堂""避而不学"，很容易将新教材上得面目全非，新瓶装老酒——换表不换里。新课程要求教师不仅能"教教材"，而且要尽可能地"用教材"。如果教师能够充分意识到课程资源利用的价值，善于挖掘和利用地方课程资源，教师的教学就有可能超越狭隘，让教学活起来、立起来。教师要积极改变学生在教学中的地位，让学生由被动的知识接受者变为知识的共同建构者。

（一）开发地方课程资源，促进学生发展

1. 开发地方课程资源能够极大地激发学生的学习兴趣

同一位教师用同一种语言，在同一个地点用一贯的方式连续上两年课，相信产生审美疲劳的概率会相当高。从学生对老师的教学建议中可以看到，学生乐意上实验课，喜欢老师带他们外出学习，对老师今天带个标本、明天做个演示实验是相当有兴趣的。作为一名优秀的、有责任心的教师，善用身边的环境资源，发现和利用、积累地方性课程资源素材，可以消除初中生一部分审美疲劳，提高教学效果。

课程资源的开发和实施，使学生从课堂"填鸭式"传统教学方式的束缚中走出来。教师尝试从主题内容入手，由学生自己提问，学生带着问题亲自去观察、去发现、去调查、去分析、去思考，生生间不断就知识相互质疑，教师则给予适当的引导和帮助。学生可自由组成学习小组，分工合作，让合作探究学习逐步走进学习世界。学生"盼望上生物课表达个人及小组的建议"，"学生们思维变得活跃了"，"他们小组的问题及回答是否正确"，"学习气氛更浓了"……学生们把基于问题精心收集的材料带回课堂与大家共同分享，学生探究知识的欲望、兴趣和热情空前高涨，阅读百科全书、上网查阅资料信息的学生明显增多。通过活动，培养学生的责任心和劳动观念，培养学习兴趣和意志，形成良好的学习品质并最终迁移到课堂学习中来。

2. 有利于学生学习方式的转变

教师"一言堂"的教学模式早已被大家所诟病，教育者一直走在找寻教师与学生角色和地位平衡点的路上。充分利用学生已有的生活经验、熟知的事物、熟悉的动植物种类，让这些鲜活的素材走进课堂，让学生有话要说，有故事可讲，有问题可问，书本知识与现实事物相融合，往往能起到事半功倍的教学效果。

在利用地方课程资源时，不是单纯地把老师设计好的问题直接呈现给学生，而是让学生自己发现身边的问题和解决问题。例如，在介绍"植物的组织培养"教学内容时，同学们会提出"什么叫外植体""为什么要在无菌条件下工作""植物组织培养技术的优点和缺点"等。诚然，学生提的问题五花八门，有的问题老师也不能回答全面，最终的探究学习也不可能将难题——化解，但就是通过学生发现问题、调查研究、动手操作、表达与交流等探究活动实现了学生学习方式的转变。学习由被动性转变为主动性，由接受性转变为探究性。一个主题，学生会提出若干个问题，教师可先将问题分类，并选择重点和兴趣点确定探究小课题，分给不同的小组去开展探究活动。

探究活动，可以在课堂内完成，也可以在教师的引导和指导下，走出课室，走出校门，走进大自然中去开展。

3. 增强班级集体凝聚力，不断提高学生多方面的能力

教师引领学生们一起策划这件"大事"，各小组分头领到不同的学习任务，小组同学共同合作，整个集体学习气氛俨然变成了大大的"开心场"、愉快的"学习园"；历时半个月或更长时间的自主探究活动，可有效锻炼学生的指挥、互助、收集处理信息、语言表达、与人协作、动手实践等各方面的能力，学生总能给我们老师一个个意想不到的惊喜。通过合作学习，小组成员之间增进了解，在活动中建立的友谊影响深远。有的学生在活动结束后，将撰写的小论文投稿到相关杂志上，还获得了意外的收获。同时将研究性小组合作学习纳入评价小组的内容中，也极大地促进了小组的建设与良性发展。

（二）地方课程资源的开发和利用促进了教师的成长

1. 更新与课程资源相适应的新型教师观

随着课改的深入，我们逐步意识到，教师本身就是一种很重要的课程资源。教师不仅决定地方课程资源的鉴别、开发、积累、筛选和利用，是素材性

课程资源的重要载体，而且其本身也是课程实施首要的、基本的条件性课程资源。针对新教材中安排的各种学生自主性探究活动，如果教师没有树立正确的生物课程资源观，没有分析和探索课程资源的内涵、性质、种类和在课程目标实施中的价值，那么地方课程资源的开发就是一句空话，新教材所要彰显的理念和实践优势将荡然无存。因此，在地方课程资源建设的过程中，教师的不断学习和不断更新就显得尤为重要和关键。生物学教师应该始终把个人的业务素质和专业发展放在首位，及时了解、跟踪和掌握课程资源理论与实践研究的最新成果；及时学习、领会同行们在课程资源开发过程中总结出的好经验，挖掘、调动和利用自己的才能、潜能与聪明才智，通过自我学习、自我反省，形成科学的课程资源观。

2. 更新与课程资源相适应的新教材观

生物学科书本教材一直是我国学校生物学教育教学的主要课程资源，新的生物课程目标要求加强课程内容与现代生物科技、社会生产、现实生活和学生经验的联系，关注学生学习兴趣、学生的发展和社会需求及当代生物学的发展趋势。因而，在实际教学中要打破生物学科教材作为唯一课程资源的局限，倡导教师根据本城市特点，自己创造性地开发和利用一切有助于实现课程目标的资源，改变过去只注重教科书、机械训练的倾向，使学生的生活经验进入教学过程，提高教学效率。

3. 以课程资源的开发和利用为突破口，给教师提供了巨大的发展空间

地方课程资源的开发和利用，从一个途径加强了教师对教育理论的学习和思考，更新了教育思想和观念，可以较大程度地提高教师自身的组织、协调和科研等能力。每一次活动从策划到组织实施，进而到后期的整理和加工，对教师本人都是一个严峻的考验。师生共同面对的环境不仅仅局限于课室的"一亩三分地"，对教师的要求不仅仅只有口才那么简单，而是更加凸显教师运筹帷幄、处理突发事件的能力。

二、地方课程资源的应用，拓展学科学习内容和学习空间

鉴于地方课程资源的应用对师生有如此魅力，2012年至今，我们对地方课程资源在生物教学中的应用展开了探讨与研究。根据地方课程资源来源不同，将其分为学校、社区、家庭资源，并与课堂教学紧密结合。

（一）学校资源

学校资源是课程资源的重要组成部分。它因不同学校在规模、环境、师资、资金等方面的不同而存在一定的差异。

1.学校实验室资源

按规范化学校要求，每所中学都必须配套有生物实验室。功能室按生物课程要求配备显微镜、解剖镜、挂图、模型等常用的仪器设备，同时还购买必要的药品和低值易耗品，满足实验、实践教学活动的需要。比如，人教版七年级上册教材中出现的P34练习使用显微镜、P71验证绿叶在光下合成淀粉、P116解剖和观察花的结构，课程中都要利用实验室资源。条件许可的学校还建有规范化的动植物标本室，供教师带领学生参观学习。

2.学校校园植被资源

学校校园内各种生物都是重要的课程资源。我们地处南方沿海城市，气候温暖湿润，四季鲜花盛开，绿树成荫。校园里种植有各种类群的植物（如蕨类、裸子、被子植物），在阴暗的地面苔藓植物也非常多，在进行八年级下册植物类群内容的学习时，可让学生参观校园，在教师有意识的指引下，让学生从感性认识上升至理性认识，课程就比较生动。

3.学校其他可利用的资源

利用校园空间建造"生物园"，种植代表植物，饲养动物。另外，有条件的学校还可开设植物组织培养和无土栽培的基地。

学校的饭堂也可提供学习的天地。八年级微生物"真菌"内容学习时，和学生们一起焙制面包，品尝和对比放与不放酵母粉两种情形下制作出来的面包的异同，也成为师生一次特别的学习记忆。

（二）社区资源

生物新课程标准强调"科学、技术、社会（STS）"的教育思想，以全面提高学生的生物科学素养。只有充分利用社区资源，才能使生物课程突破"以学科为中心""以教材为中心"的倾向，向新课程标准看齐。

1.海岛资源

珠海市被誉为"百岛城市"，知名的岛屿有东澳岛、外伶仃岛、桂山岛、九洲岛、淇澳岛等。海岛风景秀丽，环境优美又各具特色；海岛林荫蔽空，动植物资源丰富，是一个天然的动植物"标本园"。"激情燃烧的东澳岛""让海岛生物资源走进我们的课堂"等课程，都充分利用了得天独厚的岛屿资源。

2. 城市农科中心

珠海市农科中心由农业高新技术研究中心、国内外名优水果园、珍稀花卉园、沙漠植物园、阴生植物园、工厂化蔬菜生产车间等组成，被评为"全国青少年科技教育基地"，是学生学工和学农的基地。这里田园奇特，水能长菜、种瓜，石能栽花，瓶能育苗……运用无土栽培、组织培养、生物工程技术、转基因技术等高新技术种植的珍奇蔬菜瓜果和花卉所形成的奇特景观，令人眼界大开，目不暇接。在学习"植物组织培养"时，带领学生们到农科中心的兰花培育基地，将课本教材中高深的理论知识"平民化"是非常棒的学习体验。

3. 公园、绿道、驿站

生态环境优美的城市，其大量的公园、绿道、驿站给学生提供了课堂外的学习天地。比如，八年级下册学习中，石溪驿站小溪内的水绵（藻类），山水取水点的铁线蕨（苔藓类）、芒萁（蕨类）、各类松树（裸子植物）等，信手拈来，应有尽有。

4. 蘑菇种植基地

"我和蘑菇有个约会"课程让学生走进蘑菇的世界，带领学生一起参观香菇小作坊，调查平菇培育基地、金针菇生产厂。无论是在条件艰苦的私人养殖场，还是技术先进的工业化流水生产线，都让我们了解到蘑菇生长发育必经的每一个过程。收获的不仅仅是学生们，作为教师也是第一次目睹这餐桌上常客的生长发育全过程，让大家更能深刻体会到工人、农民工作和生活的艰辛。

5. 养鸡场

鸡不罕见，但一只鸡经人工孵化出世到它摆上人们的餐桌，见过的人就不多了。本市白蕉镇养鸡场，分麻黄鸡人工孵化和养殖两个场地，通过参观了解到鸡的生长和发育全过程，同学们感叹：一个蛋到一只鸡的演变过程太神奇了；鸡的养殖原来有那么多苛刻的条件，我们没有理由不珍惜食物。

6. 社区其他可利用的资源

学生学习鱼类课程，可让学生参观养鱼场；学习传染病知识，可让学生调查卫生防疫站；环保教育，可让学生参观红树林、污水处理厂、海滨公园环境监测站；水资源主题，可让学生从调查、检验珠山泉水取水点水质入手；调查外来物种，可以联系动植物检疫局、海关……

（三）家庭资源

学生家庭中往往有不少与生物课程有关的资源可利用。近海渔业、作物栽培、市场售卖等职业，家长具有丰富的经验，可以作为学生的指导者和学习的参与者。另外，可以在家养花、养鱼、养殖小动物，观察和记录动植物的生活习性，将学习内容撰写成生物小论文、办手抄报展览。通过家庭课程资源的利用，不仅让学生近距离探究自己身边事物的发生发展规律，也使家长明确孩子学习生物学的意义，体会生物学科对学生兴趣培养和终身发展起着重要的促进作用。

三、地方课程资源开发和应用与生物教学整合存在的问题思考

地方课程资源开发和应用对生物学科教学有很大的促进作用，但在个人实际教学中，能合理应用的老师为数不多，引发以下几点思考：

（1）由于缺少必要的引导、推动、评价和管理方式，生物教师对课程资源开发的意识和能力不足，仍有大量课程资源被埋没、闲置和浪费。

（2）教师开发的地方课程资源没有及时深入研讨，在生物学教育中的有效性及教育价值不高。

（3）现在教师们发的生物课程资源多数属于个人成果，由于不能共享而导致另一层面的浪费。

（4）课程资源的范围极其广泛，形式也应该是多种多样的，但目前研究的范围还比较小，形式也比较单一，有待我们不断努力探索。

由此可见，地方课程资源是一种不断发展和丰富的资源，也是一个需要不断深入研究的课题。生物教师应当充分挖掘地方区域独特的资源宝藏，让它为生物教学增光添彩。

STEAM教育理念下生物教学中的项目开发

一、研究背景和缘由

1. 宏观背景

STEAM是一种以项目学习、问题解决为导向的课程组织方式，它将科学、技术、工程、艺术、数学有机地融为一体，让学生通过运用多学科知识和技能来解决问题，从而培养学生的实践、创新与探究能力，具有跨学科、趣味性、体验性、情境性、协作性、设计性、艺术性和技术增强性等核心特征，由美国学者GeorgetteYakman于1990年首次提出，倡导关注跨学科知识的融合，延伸学科知识间的广度和深度。

2016年，教育部提出要发展学生人文底蕴、科学精神、学会学习、健康生活、责任担当、实践创新六大核心素养，其中文化基础既强调"人文积淀""人文情怀""审美情趣"，也强调"理性思维""批判质疑""勇于探究"，这与STEAM教育理念具有相同的内涵。此外，生物学课程标准明确提出将科学、技术、工程和数学融入生物学课程，并强调跨学科学习的意义及重要性。课程内容包括对学生生活经验、工程设计、问题解决、讨论与决策、付诸实践等教学建议，从生命观念、科学思维、科学探究和社会责任等方面发展学生的生物学科核心素养，倡导培养学生动手实践能力、科学探究能力，树立创新精神，这也契合了STEAM教育理念。由此，在STEAM理念下，构建以项目完成或解决问题为基本模式的初中生物项目开发与实践研究，培养学生的核心素养与创新精神势在必行。

初中生物学的项目开发与实践研究为STEAM教育理念的实践与落实提供了很好的落脚点。结合初中生物课程特点，依托STEAM教育理念的理论与实践经验，通过构建合理的初中生物课程项目教学方案，在此过程中达到激发学生创新性思维，培养学生跨学科知识的学习与应用，提高学生动手操作技能和发展问题解决能力，使学生在新的学习环境中获得适应未来社会发展的能力，旨在改善我国初中生物课程教学现状及落实培养学生核心素养工作。

2. 微观背景

虽然初中生物学涵盖大量探究活动，但大多仅从生物单一学科角度出发，单纯用观察、解剖、讨论、分析、调查、收集资料等手段对生物个体开展研究与学习，而较少将科学思维、科学探究、数学工具、技术制造等综合性探究方法融合在教学活动中。STEAM教育理念是当前国际上颇有影响力的教育思想之一，而新课程理念又强调重视学生核心素养的培养，建议采用探究性学习方式进行教学。

本课题组基于STEAM教育理念指导，从教学实际和学生学情出发，选择开发适合校情的初中生物活动项目，充分运用多学科融合思想来指导生物课堂教学。通过整合学生活动，激发师生共同参与的兴趣，达到"活动育人，学科育人"的教学效果，丰富初中生物课程内容，落实生物学科核心素养的培养。

二、核心概念及研究范围界定

1. STEAM教育

STEAM教育即融合科学（Science）、技术（Technology）、工程（Engineering）、艺术（Art）和数学（Mathematics）等学科的跨学科实践活动，其理念强调对科学、技术、工程、数学和艺术五个领域的交叉融合及其运用能力，重视实践，打破学科界限，引导学生以数学知识、逻辑知识和思维方法为基础，通过工程与艺术来促进科学和技术的应用，以协作与实践方式发现问题和解决问题，具有跨学科、趣味性、体验性、情境性、协作性、设计性、艺术性和技术增强性等核心特征。注重现实问题解决，通过课程整合项目育人，目标指向人的整体性培养和凸显创造性的培养。

2. 初中生物

北师大版初中生物是以教育部《基础教育课程改革指导纲要》（以下简称《纲要》）为指导，以《义务教育生物课程标准（2011年版）》为依据，充分体现了课程改革的基本精神和指导思想及课程标准的基本理念、目标和内容要求，倡导以探究为核心的主动学习方式，注重能力体系的构建，注重贴近学生实际，激发学生兴趣，凸显生物学重要概念的传递，关注科学、技术、社会关系的教育，全面培养学生的生物学科核心素养，激发学生的创新性思维，培养学生跨学科知识的学习与应用，提高学生动手操作技能和发展问题解决能力。

3. STEAM理念下的初中生物

《义务教育生物课程标准》（2011年版）指出：生物学经历了由现象到本质、从定性到定量的发展过程，并与工程、技术相结合，对社会生活产生越来越大的影响。随着与物理学、化学、数学、美术等学科间交叉融合，生物日益呈现占主导学科的地位。这说明初中生物的课程理念与STEAM理念是一致的，初中生物与多学科间的交叉融合，在生活中有很多应用。由于跨学科和整合性是STEAM教育理论和教学方法的两大特性，因此，STEAM理念下的初中生物应该围绕技术、工程、数学、艺术等学科内容展开，以落实生物学科核心素养的培养为导向，旨在开发具有科学性、实践性，适应性强，能满足广大师生课程实施需要的课程资源。

4. 项目开发

本课题中的项目开发是指根据一定的生物知识学习需求背景而设计的一个或一系列具有挑战性的科学探究与工程技术的实践任务。良好的项目开发有激发学生"学生物、爱生物、用生物"的积极性，可以提高学生的创新思维和动手实践能力。项目开发与教学设计之间不是完全对等的，二者可以相互包含。一个教学设计中可以有多个教学活动项目，教学设计也可以包含于一个大型的项目设计中，一个大型的项目设计往往由多个子项目构成，每一个子项目可能又会有一个教学设计。本课题中的初中生物项目开发主要是指初中生物活动项目类的教学设计。

三、研究现状综述及选题的意义

截至2019年12月30日，在中国知网以"STEAM教育/STEAM理念"为关键词，分别以"关键词"和"主题"两种方式进行检索，可查询到相关核心论文呈逐年快速上升趋势，检索到国内外有关文献数量的分析有关信息如下。

（1）从统计数量比较来看，STEAM教育研究呈逐年快速上升趋势。

图1 基于STEAM教育理念的全部期刊发表文章统计比较

（2）从表1统计可以看出，STEAM教育在认识上更多被人们认为是一种教育理念和跨学科教学。美国依然是STEM教育的领跑者，STEM教育正在一定程度上加速影响教育发展。我国越来越重视STEAM教育。此外，STEAM教育同创客教育、教育理念、核心素养、跨学科、教学设计、项目式学习等关系密切，说明STEAM教育已经开始被人们所接受。

表1 知网检索关键词词频对比表

主题	论文数量	主题	论文数量	主题	论文数量
创客教育	79	初中生物	10	学习者	20
教育理念	205	高中生物	6	Scratch	27
北美洲	73	课程开发	36	创新能力	100
美国	71	校本课程	34	初中生物课程	4
中小学	74	课堂教学	98	学科融合	27
跨学科	90	机器人	65	基于项目	31
核心素养	108	课程设计	68	项目式学习	28
教学模式	88	教学设计	136	项目开发	4

通过对知网检索的以上结果进行计量可视化分析，发现课堂教学、学习过程、教育理念、教学设计、课程设计、学科整合、项目式学习等关键词网络的词谱出现频率较高，均是STEAM教育的研究热点，尤其是从词频来看，STEM教

育更多与核心素养和教学设计相关，这说明人们比较重视STEAM教育的课堂教学实践效果。

（3）国外研究现状。

近几年来，随着STEAM教育的实施和普及力度加大，国外对于STEAM课程的研究也日益增多。STEAM教育作为知识经济时代全新的教育范式，已经成为当今世界各国教育领域的重要发展战略，并被各国政府和相关部门陆续纳入课程体系中，因而在教育界受到广泛的关注。

表2　各国STEAM教育发展情况一览表

国家	STEAM教育发展情况
美国	STEAM教育因发展较早，又得到政府及社会各界的支持和参与，具备了明确的理念指导和日趋完善的模式，在创新、复合型人才培养方面成效显著，因而美国自然而然成为各国学习的典范
英国	STEAM教育与全球同步发展，着重在学生培养方面重视艺术对各学科的渗透，扩展学生思维，特别注重培养学生解决问题的能力和转换技能 2014年，英国教育部颁布了《国家课程标准》，在课程标准中详细规定了课程目标、课程内容及评价等，并提升了科学、技术等学科在基础课程中的地位
德国	关注学生在STEAM职业上的兴趣和发展，提倡STEAM教育与终身教育相结合；提出了STEAM人才培养的多项倡议；启动一批"教育链"全程的STEAM促进项目
芬兰	推出全国性STEAM教育促进项目；设立国家LUMA中心；在校外针对儿童和青少年量身打造STEAM学习和教育活动
韩国	国家重视STEAM教育，有程序步骤地建立STEAM课程：首先，制定课程标准；其次，确定主题；再次，制订教学计划；最后，进行STEAM教育资源拓展延伸、总结评价
新加坡	自2014年起，新加坡教育部与新加坡科技馆合作，在中学推行与STEAM有关的应用学习项目，鼓励学生创造性地解决实际问题，同时促进终身学习
以色列、澳大利亚、日本……	

STEAM教育已成为当今各国教育领域的重要发展战略，并被各国政府和相关部门陆续纳入课程体系中。其中，《2015年地平线报告》（基础教育版）和《2017年地平线报告》（基础教育版）均认为，STEAM教育将会是近年内驱动学校教育技术应用的关键因素，并会在全球范围内推广与应用。

以上研究结果表明，国外学者的研究视角正在发生变化：从简单的课程整合到分科课程教学研究，再到具体的STEAM项目的设计。国外STEAM教育大多为综合类课程，结合创客教育培养学生的动手实践能力，进而培养科学、技术、工程、艺术、数学方面的素养。由于国外的初中生物属于综合理科类，目前国外教学将STEAM教育理念融入综合理科类课程，如构建模拟生态系统，制作消化系统模型等，将知识运用融合于多学科，强调动手实践，重过程、亲体验，促进人的全面发展。

（4）国内研究现状。

2016年6月，国家教育部明确指出，要积极探索信息技术在跨学科学习（STEAM教育）、创客教育等新的教育模式中的应用，着力提升学生的信息素养、创新意识和创新能力，促进学生的全面发展。目前，在生物基础教育领域研究STEAM教育较为深入者是生物核心期刊《中学生物教学》主编李高峰老师，他有一些相关研究内容在百度网上可以查阅。课题组在中国知网和百度学术网以"STEAM"和"初中生物"作为关键词检索，发现仅有10篇相关主题的研究论文，如《STEAM视角下初中生物教学设计研究》《STEAM视野下初中生物教学的创新实践和反思——以"调查周边环境中的生物"为例》《STEAM中Arts在高中生物教学中的应用现状调查及实践研究——以铜仁市第一中学为例》《初中生物STEAM课程的开发与应用研究》《探究STEAM教育在生物教学中的应用——以人教版高中生物必修二为例》《STEAM课程在生物学科项目学习中的实操》《生物STEAM课程开发与实践研究》《STEAM教育在生物教学上的应用——以"模拟核酸电泳"为例》等；其中，仅2篇是系统研究初中生物STEAM课程的开发与应用研究，为《STEAM视角下初中生物教学设计研究》和《初中生物STEAM课程的开发与应用研究》。与初中生物STEAM教育有关的专著有苏州大学出版社出版的"苏式"STEAM精品课程系列丛书（该丛书共六本，分别是《水韵生活》《科创未来》《非遗传承》《苏州印记》《能工巧匠》《水乡探秘》），东北师范大学出版社出版的《重演知识发生过程的STEAM课程开发》和中国科学技术大学出版社出版的《STEAM课例精编》。

综上，为数不多的相关研究内容反映出STEAM教育理念应用在我国初中生物教学中尚属初始阶段，缺乏系统整理，实用性和推广价值不高。此外，关于STEAM教育理念下初中生物的项目开发研究甚少。目前的生物教学现状仍以升学和学业考试为主，条件好的地区每周会有一到两次动手活动的实践；鉴于学业水平考试对实验动手操作的要求，学科融合性教育的重要性与工作实际开展的情况，目标及距离都相差较远。因此，在STEAM理念下，构建以项目完成或解决问题为基本模式的初中生物项目开发与实践研究，培养学生的核心素养与创新精神势在必行，激发学生的创新性思维，培养学生跨学科知识的学习与应用，提高学生动手操作技能和发展问题解决能力，使学生在新的学习环境中获得适应未来社会发展的能力，都具有重要的参考和指导意义。

四、本课题的重要观点（理论依据）

1. 建构主义理论

建构主义理论是基于瑞士认知心理学家皮亚杰（J.Piaget）的认知理论发展而来的。建构主义学习理论强调学生以自我经验与外界彼此作用建构新知识，即让学生在真实情境、指导教师的帮助下主动探索以及和其他伙伴进行广泛的交流，通过解决问题来建构知识体系。它主张"学中做"和"做中学"，是一种任务驱动型和注重任务完整性的学习方法。建构主义理论下的教学设计激发学生自主性和建构性，注重情境对学习环境的影响，情境、合作在教学中有重要的辅助作用。

2. 多元智力理论

人的智能包括自然认知智能、语言智能、数学逻辑智能、音乐智能、人机智能等，在解决问题时，各种智能可以相互作用，共同完成任务，同时智能可以通过学习、教导得到提升。而STEAM教育的特点和注重学生各种能力及创新意识的培养与多元智能理论恰好相符。STEAM教育建立在科学、技术、工程、艺术和数学的跨学科视域下，以协作与实践方式发现和解决问题。STEAM教育引导学生以数学知识、逻辑知识和思维方法为基础，通过工程与艺术来促进科学和技术的应用。跨学科教学可以取长补短，也能全方位地培养学生的智能，跨学科教学可在一定程度上改善初中学生偏科的现象。

3. 杜威的教育思想

杜威的课程与教学思想以发展学生的经验为核心，提倡以问题解决教学，通过"主动作业"的形式实施。在教学中模拟现实生活中的某些活动和工作，呈现社会情境，引导学生在情境中发现并解决问题，实现教育理想——经验的不断改造与持续生长。

4. 项目式学习理论

项目式学习（Project-Based Learning，PBL），在教育领域实际应用中有多种称呼，如"基于项目的学习""项目教学""专题式学习"等。教师根据某个学习专题设计学习项目，学生综合各学科知识，从真实世界中的基本问题出发，围绕复杂的、来自真实情境的主题，以小组方式进行周期较长的开放性探究活动，完成一系列诸如设计、计划、问题解决、决策、作品创作及结果交流等学习任务，最终达到构建知识、能力提升、思维发展。主题的选择应具有动态开放性，使学生能够达到教学目标要求的同时又不失个性发展。这种学习主要由基本问题、项目设计、工作计划、最终成果和评价反馈等环节构成。对于完整的PBL来说，学习的成果并不是学习的结束，对学习成果和活动过程进行评价并提供反馈会为学习者的学习带来更多的支持。评价的对象可以是PBL中的任何一部分，也可以是学习者本人，评价的方式可以是互评、自评等。

5. 课程开发目标与宗旨

STEAM理念下的初中生物项目开发是以培养全面发展的人为最终目标，以STEAM综合技能和核心素养培养为宗旨，形成整体性终身发展具有创造性的人。STEAM教学项目开发应以STEAM综合素养和中国学生发展核心素养为统领，以跨学科课程融合理念为暗线，以课程标准为具体开发依据，以北师大版初中生物为教学参考材料，从现实真实情境和学生现有认知经验出发，以具有STEAM理念的初中生物项目活动案例开发实施为明线，根据本地资源，开发出符合本土特色的初中生物活动项目案例。

6. STEAM教育理念与核心素养

STEAM教育以"学生发展"为中心，以"跨学科性课程整合"教学活动为手段，以"真实性情境项目解决"为媒介，设计合作探究性学习活动，促进STEAM教育理念和初中生物融合项目目标的有效落实，促进学生全面成长，培养学生的STEAM综合素养，包括科学素养、技术素养、工程素养、人文艺术素养和数学素养五种，增强学生社会责任和意识，从而培养具有较强创造性意识、适应未来社会发展需求的社会公民。STEAM教育理念与"中国学生发展核心素养的培养理念"的指向"全面育人"具有一致性，它们不过是从STEAM教育理念和核心素养的构成视角这两个不同角度来看待问题的，两者是相辅相成的，都指向全面发展的人。

五、研究目标、研究内容

1. 研究目标

STEAM教育的有效推进，必须依托课程建设和教学改进。然而，现阶段初中生物教学在将STEAM教育理念应用于项目课程时，普遍遇到了一些困难和挑战。首先，教师对STEAM教育理念没有清晰的认识；其次，如何将理念融入项目教学中，仍缺乏有效的经验可供借鉴，缺少项目开发与应用方面的实证研究。

因此，本课题的研究目的是梳理当前STEAM教育和初中生物教学的现状、项目开发理论、教学模式理论、课堂教学策略、教学评价理论等，总结出STEAM教育理念下的初中生物活动项目开发规律和流程，进而开发出初中生物项目活动课程案例并实施评价，从而为研究者提供STEAM教育理念下初中生物项目开发与应用的可行性流程及可实施方案。

目标1：梳理出STEAM教育理念下的初中生物项目活动案例的开发原则。

目标2：构建出STEAM教育理念下的初中生物项目活动案例的实施策略。

目标3：开发出STEAM教育理念下的初中生物项目活动案例的实施方案。

目标4：总结出STEAM教育理念下的初中生物项目活动案例的评价方式。

2. 研究内容

本研究主要针对在STEAM教育理念指导下进行初中生物课程活动项目的开发与研究，主要研究内容如下：

（1）国内外STEAM教育项目设计和初中生物教学现状的相关问题梳理，发现目前初中生物教学存在的问题，总结出STEAM教育课程整合的意义和优势。

（2）项目开发模式的构建。主要包括梳理项目开发的基本原则，基于探究主线项目开发实施策略，从而为项目案例开发做好准备。

（3）开发STEAM教育理念下的初中生物项目活动案例，通过交流课、案例进行展示；分析评价，尽量实施验证有效性。

六、研究方法

1. 文献研究法

文献研究法主要是通过梳理国内外相关STEAM教育理念的文献和教学案例归纳总结出STEAM理念下学科教学项目设计的规律特点、理论依据、设计流程和框架规划，进而选择适合STEAM教育理念下的初中生物项目开发模式，进一步进行高效开发与应用研究。

2. 案例分析法

案例分析法主要是指通过对现有STEAM教育和初中生物教学整合案例进行相关分析，对其应用的理论依据、设计模式和实践效果进行逐项分析评价汇总，从而在宏观上能够把握各种项目案例开发的优点和缺点，进而总结出STEAM教育理念下初中生物项目活动案例开发的规律，案例研究学习有助于教师逐步实现从模仿到创新的超越。

3. 行动研究法

教育行动研究是有目的、有计划地对教育活动中的具体问题进行系统探究，提高教育活动有效性的研究方法，主要是开发者直接参与教学项目开发活动，在项目活动中获得有益经验，不断发现有关问题，不断进行改进，进而达到所期望的开发效果。师生教育教学研究活动很多时候就是一种行动研究法。行动研究法的特征是为行动而研究，本课题中最重要的教育行动是开发STEAM教育理念下的初中生物项目活动案例。

4. 问卷调查法

问卷调查法可用于调查师生对STEAM教育理念下初中生物项目开发的需求分析、实施效果、评价分析等，进而对相关案例进行修改和优化项目活动实施。问卷调查分析可以获得相关统计信息，访谈可以询问复杂的问题，获得一线教师更具体真实的想法。

七、研究思路（技术路线）

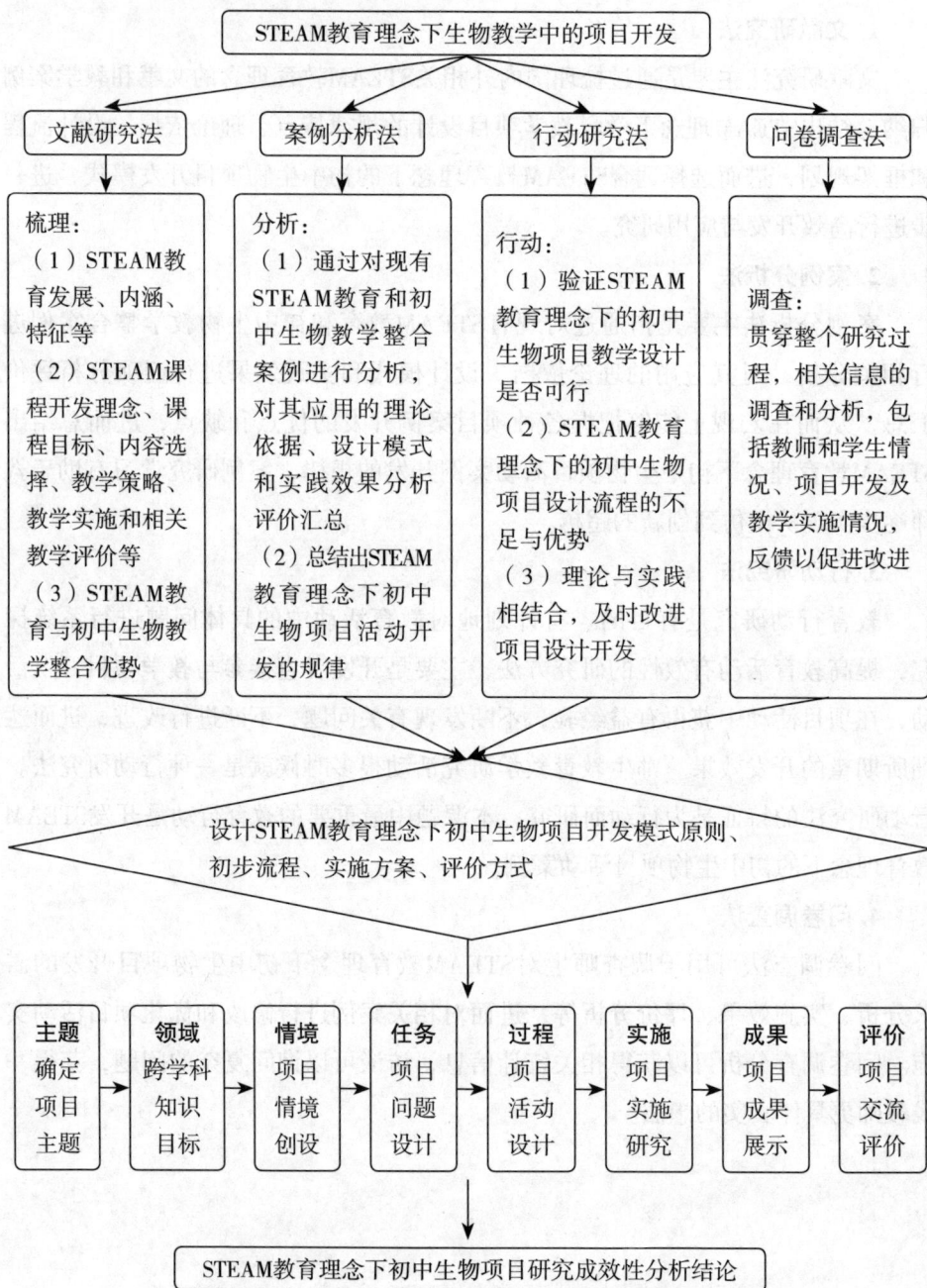

图2 研究思路设计图

八、本课题的创新之处

本课题创新点在于研究角度、研究价值的新颖。

（1）研究角度新颖。本研究将STEAM教育理念融入初中生物课程项目教学设计，归纳总结出STEAM教育理念下初中生物项目设计与研究方案。在此方案中，每一步都是由教师和学生共同参与协商，教师依照《中小学综合实践活动课程指导纲要》和新课标的要求结合学生真实生活选择主题项目设计，学生根据自己的兴趣和学习需求选择项目学习内容设计。

（2）研究价值新颖。本研究能促进教师专业化成长，开发系统的STEAM教育理念下初中生物项目活动设计，给更多的一线教师提供参考，让学生在STEAM教育活动中体验成长，以期达到培养学生生物学科核心素养的目的，最终培养具有较强创造性意识、适应未来社会发展需求的社会公民。

九、STEAM教育理念下初中生物活动项目设计原则

1. 真实情境性原则

项目设计应该遵循真实情境原则。一方面，《中小学综合实践活动课程指导纲要》提出项目主题的选择要依托真实情境展开，培养学生在实践中解决实际问题的能力；另一方面，好的项目或设计必须以学生的经验为起点，从学生生活经验中合理选择有一定梯度的"真实情境问题"让学生进行探究学习，这样，学生才能设身处地地分析、解决问题，从而激发参与项目的积极性，利于知识的迁移。

2. 开放生成性原则

开放性原则不仅指初中生物课程教学的开放性，同时也指STEAM教育的开放性。因此，STEAM项目式学习是在教学目标的指导下，教师创设情境，调动学生的感官体验，开展探索、实验、展示等多种形式的开放性学习活动。项目学习的过程是开放生成的，在项目完成过程中，教师应鼓励学生发挥想象力，保持开放的观察态度和质疑，教师作为学习的帮助者，学生在多次尝试、反复求证的过程中，生成项目的答案。项目的结果是开放生成的，完成了一个项目或者解决了实际问题后，得到的结果不必一定是一个产品，可以是一个流程或是一项策略。

3. 跨学科融合性原则

STEAM教育理念下的初中生物项目设计具有融合性原则。STEAM教育首先是分科的，各个学科是STEAM教育的基础；其次又是融合的，融合是STEAM教育实施的关键，分科教学的成功开展是STEAM教育实现的前提。跨学科融合性原则鼓励学生在STEAM教育理念指导下，运用跨学科的理念和思维解决当前遇到的问题。在项目设计步骤中更要体现跨学科知识的融合。所以，在STEAM教育理念指导下开展初中生物项目研究，就是希望以初中生物为核心要素，在开展初中生物课程项目中，鼓励运用跨学科融合思维完成子项目。

4. 合作实践创造性原则

STEAM教育理念下的初中生物项目开发与应用更注重学生的综合素养、能力培养，在解决问题时往往更注重小组成员间的互相帮助和相互学习。由于STEAM教育理念提倡一种以小组合作方式解决项目学习中发现的问题，因此在设计项目教学时，要为学习者提供自由合作空间，发挥团结协作精神，完成项目学习，从而促进学生迸发创造性思维，完成作品制作，形成创新能力。

5. 学习者中心原则

STEAM教育理念下的初中生物项目开发与应用应以学习者为中心。在选择项目主体、分解子项目时，都要考虑学生的兴趣和需求。在项目课程的开展中，学生作为项目开展的主体，任务的设计要着眼于学生的能力发展，要着眼于学生的核心素养和科学素养的提升，在项目设计中尽可能让学习者获得自发体验、自主操作的机会，并能进行自我反思和评价。

十、STEAM教育理念下初中生物教学中的项目开发实施策略

为解决STEAM教学项目设计实施过程中存在的问题，初步构建出基于STEAM教育理念下初中生物项目设计的过程与方法，如图3所示。该流程包括确定项目主题、跨学科知识目标、项目情境创设、项目问题设计、项目活动设计、项目实施研究、项目成果展示和项目交流评价八个方面。

1. 确定项目主题

项目主题的确定可以依据生物课程标准，选择与学生年级相对应的初中生物课程主题，并结合本土特色和实际情况，结合学生需求设计项目主题，实施以初中生物学科为关键点，与其他学科一起解决实际问题，结合学生的实际生

活问题选定最终的主题内容。

2. 跨学科知识目标

由初中生物教师作为核心学科教师，与项目相关的其他学科教师共同协商确定课程领域所涉及的学科、各学科知识点，确定学生在项目学习中需要达成的目标要求。

3. 项目情境创设

从真实的情境出发发现问题、提出问题、解决问题是项目学习的基本特点。在项目学习中，学生需要与同学进行交流、讨论从而完善自己的设计；在合作学习过程中，学会倾听他人的观点、意见并提取对自己有帮助的信息，进而丰富自己的知识体系。STEAM教育理念下初中生物项目教学中的教师主导作用是鼓励学生在生活情境中亲自参与作品创作，鼓励学生动手实践，自由想象，自主构建设计作品，从而找到自己想要的答案。

4. 项目问题设计

项目问题设计是在项目式学习中组织和引导教学活动和教学任务的关键点。学生在这些活动中相互合作，探讨出新的问题解决方式，展示问题解决的成果。这就要求学习者在项目实施前要对研究解决的问题有较为系统的分析归纳，总结出解决问题所需的知识储备、工具选用、资料的获取等条件。

因此，在STEAM理念下初中生物项目开发中，在项目问题的设计上应遵循以下原则：

（1）问题与学习内容相关并且符合学生认知特征，生动有趣。

（2）问题具有科学性，承载了综合性的知识内容和科学方法。

（3）问题具有可操作性，学生可以通过对总问题的拆分，将总问题拆分成一项项子问题、子任务来逐步解决问题。

（4）问题的提出要符合核心素养的最终育人目标。

5. 项目活动设计

基于STEAM教育理念的初中生物项目学习活动设计，根据此次选定的主题，是结合当前初中生物课程教学目标及跨学科知识目标，充分考虑主体、客体、目标、工具、情境等活动要素设计的。

STEAM项目活动设计也可以是学生自主创设生成，最终由教师根据本课的教学目标进行审核，从而确定学生自主设计项目是否可以开展。

6. 项目实施研究

学生需要讨论设计方案，规划方案实践，在小组协作中修改完善并形成最终成果。此步骤需要课题组成员教师参与全过程，协调解决过程中可能发生的任何情况，追踪、指导学生项目学习，鼓励学生亲自参与作品创作、动手实践。

7. 项目成果展示

教师组织各小组同学汇报，回顾项目活动的收获，反思团队合作意识和能力。在成果交流汇报过程中，可以了解其他同学对项目的不同看法，不仅可以丰富自己的知识体系，还可以就优秀或失败的项目展开经验交流。

8. 项目交流评价

STEAM教育课程的评价体系是以形成性评价为主，结合多重评价方式。在开展评价的过程中，首先要指导学生开展自我评价和小组内的项目评价。在这一过程中要注意指导学生做出客观、真实的评价。同时也要注意，展开形成性评价时要结合多种方式。在评价过程中，评价的目标是多维化的，三维目标与STEAM所涉及的五个维度同步展开评价。评价的主体是多元化的，涉及学生自我评价、学生相互评价、家长评价、教师评价及专家建议等。评价的方法是多元化的，过程性评价和总结性评价相结合，自我评价和他人评价相结合，定性评价和定量评价相结合。

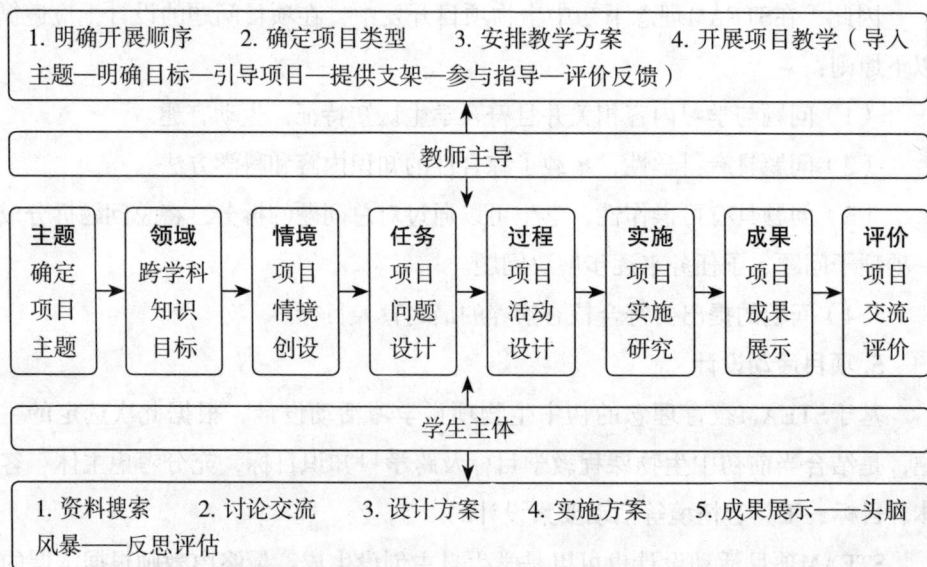

---

1. 明确开展顺序　2. 确定项目类型　3. 安排教学方案　4. 开展项目教学（导入主题—明确目标—引导项目—提供支架—参与指导—评价反馈）

教师主导

| 主题
确定
项目
主题 | 领域
跨学科
知识
目标 | 情境
项目
情境
创设 | 任务
项目
问题
设计 | 过程
项目
活动
设计 | 实施
项目
实施
研究 | 成果
项目
成果
展示 | 评价
项目
交流
评价 |

学生主体

1. 资料搜索　2. 讨论交流　3. 设计方案　4. 实施方案　5. 成果展示——头脑风暴——反思评估

图3　评价设计路线图

十一、生物活动项目名称

表3 项目设计名称

序号	案例名称	作者	教材位置
1	探究影响黄粉虫生活的环境因素	邱建萍	七年级上册 第2章第2节生物学研究的基本方法
2	叶脉书签制作	罗春愈	七年级上册 第5章第1节光合作用
3	植物的蒸腾作用	邱建萍	七年级上册 第5章第4节蒸腾作用
4	蔬菜根系知多少	彭晓瑜	七年级上册 第6章第2节营养器官的生长
5	走进鲜花的小世界	何嫦敏	七年级上册 第6章第3节生殖器官的生长
6	探究不同食物贮存能量的差异	罗春愈	七年级下册 第10章第1节食物中能量的释放
7	视觉的秘密	郑树益	七年级下册 第12章第2节感受器和感觉器官
8	基于STEAM理念的鸟类研学活动	陈常仪 罗春愈	八年级上册 第15章第1节动物运动的方式
9	制作伸肘屈肘模型	罗春愈 陈常仪	八年级上册 第15章第2节动物运动的形成
10	酸奶的制作	陈常仪	八年级上册 第18章第2节微生物与人类的关系
11	舌尖上的珠海	鹿鸣	八年级上册 第18章第2节微生物与人类的关系
12	有趣的鸡蛋	郑树益	八年级上册 第19章第2节动物的生殖和发育
13	蜂之语——蜜蜂的研学活动	朱琦	八年级上册 第19章第2节动物的生殖和发育
14	生态瓶的制作	何嫦敏	八年级下册 第23章第3节生态系统的结构和功能
15	水培基地"红蜘蛛大作战"	彭晓瑜	八年级下册 第23章第4节生态系统的稳定性

序号	案例名称	作者	教材位置
16	大海的馈赠 ——珠海海洋资源研学活动	鹿鸣	八年级下册 第24章第3节关注城市环境
17	珠海之肾 ——探究珠海湿地资源	鹿鸣	八年级下册 第23章全章生态系统及其稳定性
18	今天，你喝健康水了吗？	朱琦	八年级下册 第24章第3节关注城市环境

十二、实施方案，各阶段解决的主要问题及途径、方法

研究时间：2019年9月至2021年12月。

1. 准备阶段（2019年9—12月）

（1）查阅文献资料，组织课题申报。

（2）制订研究方案，搭建研究环境。

2. 实施阶段（2020年1月—2021年8月）

（1）行动研究阶段：课题组成员拟定STEAM初中生物项目主题；定期利用生物课堂开展STEAM初中生物项目课程教学；拍摄相关案例微视频；收集、整理学生作品，组织作品展示。

（2）分析形成成果：汇总形成项目开发活动案例集、论文。

3. 总结阶段（2021年9—12月）

收集、归纳、整理课题的相关资料，总结研究成果，提交研究报告及论文。申请课题结题，总结研究经验，撰写课题结题报告，做好课题结题工作。

十三、成员分工

表4　成员分工和时间安排表

课题组分工	实施成员	完成时间
解读《生物学课程标准》（2017年版），进行国内外STEAM教育项目设计和初中生物教学现状的相关问题梳理，发现目前初中生物教学存在的问题，总结出STEAM教育课程整合的意义和优势。撰写课题开题报告	朱琦、鹿鸣、罗春愈	2019年9—12月

课题组分工	实施成员	完成时间
项目开发模式的构建。主要包括梳理项目开发的基本原则，基于探究主线项目开发实施策略，为项目案例开发做好准备	朱琦、鹿鸣、罗春愈、彭晓瑜、邱建萍、何嫦敏、郑树益、陈常仪	
开展课题研究活动，开发STEAM教育理念下的初中生物项目活动案例，并在实际研究活动中总结经验，撰写案例反思，找出问题，修正研究内容	朱琦、鹿鸣、罗春愈、彭晓瑜、邱建萍、何嫦敏、郑树益、陈常仪	
总结出STEAM教育理念下的初中生物项目活动案例的评价方式	朱琦、鹿鸣、罗春愈、彭晓瑜、邱建萍、何嫦敏、郑树益、陈常仪	2020年1月—2021年8月
收集整理第一阶段研究的相关资料，包括：案例集（光盘：视频、照片、录像）；课题项目活动手册	朱琦、鹿鸣、罗春愈、彭晓瑜	
再次开展课题研究活动，开发STEAM教育理念下的初中生物项目活动案例，并在实际研究活动中总结经验，撰写案例反思，找出问题，修正、完善研究内容与评价方式	朱琦、鹿鸣、罗春愈、彭晓瑜、邱建萍、何嫦敏、郑树益、陈常仪	
收集整理两个阶段的研究资料，总结分析	七年级：罗春愈、邱建萍、彭晓瑜 八年级：朱琦、鹿鸣、何嫦敏、陈常仪	
收集、归纳、整理课题相关资料，认真分析、总结研究成果，提交研究报告及论文	朱琦、鹿鸣、罗春愈、彭晓瑜	
将研究报告及研究论文汇编成册，将课件、教案、相关影视资料录制光盘	邱建萍、何嫦敏、郑树益、陈常仪	2021年9—12月
申请课题结题，总结研究经验，撰写课题结题报告，做好课题结题工作	朱琦、鹿鸣、罗春愈、彭晓瑜、邱建萍、何嫦敏、郑树益、陈常仪	

十四、预期成果及形式

1. 预期理论成果

（1）梳理STEAM教育理念下的初中生物项目活动案例的开发原则。

（2）构建STEAM教育理念下的初中生物项目活动案例的实施策略。

（3）开发系统、科学的STEAM教育理念下的初中生物项目活动案例。

（4）总结STEAM教育理念下的初中生物项目活动的多元评价方式。

2. 预期实践成果

（1）STEAM教育理念下的初中生物项目成果展览。

（2）形成、整理系统、科学的STEAM教育理念下的初中生物项目活动案例集。

（3）撰写STEAM教育理念下的初中生物项目开发与研究论文集。

（4）STEAM教育理念下的初中生物项目开发与研究成果报告。

（5）STEAM教育理念下的初中生物公开展示项目课例。

表5　预期研究成果及时间安排表

	序号	研究阶段（起止时间）	阶段成果名称	成果形式	
主要阶段性成果	1	2019年9—10月	成立课题研究小组，制订课题方案，申报立项	"STEAM教育理念下生物教学中的项目开发"开题报告	
	2	2019年11月—2021年8月	（1）撰写课题实施方案、开题研究报告。（2）解读《生物学课程标准》（2017年版），北师大版初中生物教材内容，充分设计STEAM项目案例。（3）撰写项目活动手册	（1）确定研究项目。（2）课题研究实施方案和开题研究报告	
	3		（1）正式开展研究活动，并在实际研究活动中总结经验，找出问题，修正研究内容与方式。（2）形成阶段性研究成果报告	（1）项目的实施。（2）项目的评价。（3）活动图片和视频等影像资料。（4）阶段性研究成果报告	
	4	2021年9—12月	收集、整理各类研究资料，认真分析、总结，撰写结题论文及结题报告，汇编成册	"STEAM教育理念下生物教学中的项目开发"结题报告、论文、案例集等汇编成册；制作光碟	
	完成时间		最终成果名称	成果形式	预计字数
最终成果	2021年12月		"STEAM教育理念下生物教学中的项目开发"活动手册	项目活动手册	10000
			"STEAM教育理念下生物教学中的项目开发"课例集	教学案例集以光碟形式呈现，主要包括：①课题成员的优课录像；②相关项目学习的视频、照片；③相关项目学习的课件资料	5000
			"STEAM教育理念下生物教学中的项目开发"相关论文、研究报告	论文、研究报告	10000

名师工作室引领教师专业创新发展

名师引领，促进教师发展共同体构建，已经成为现代教学的重要共性认知。而名师工作室多由专业领域内的名师牵头组建，它不仅能够为一线教师提供专业辅导，还肩负教学科研创新的重任。"众人拾柴火焰高"，在工作室主持人带领下，团队成员发挥集体智慧，有效开展教育创新研究活动。研究有方向、有目标，也就容易取得研究的成果。2012—2018年，创建了香洲区"朱琦中学生物名师工作室"。在上级领导及工作室成员的共同努力下，工作室在区域内发挥了重要的引领辐射作用。通过名师上示范课、主题讲座、团队骨干成员开讲座、上交流课，团队成员共同开展课题研究等多种形式的活动，团队成员在大集体的帮助下，专业成长迅速，顺利成长为学校的业务骨干。

一、思想的引领

名师引领是一种操作方式，更是一种教育理念。名师工作室团队的组成包括顾问、名师、组长、学员。顾问及名师都是由思想过硬、专业水平过硬，经过选拔的一线优秀教师担任，无论是教育思想还是业务水平，都具有较高的造诣。

学校是个大家庭，而工作室是个小家庭。我用"有温度的管理"理念管理工作室团队，待人真诚热心。从研讨活动到外出参观学习，每个环节都部署细致，以人为本。专业研究的态度严谨，专业研究过程和步骤目标明确、指令到位，研究成果得到认可。这些工作态度和行为习惯，对团队成员的成长具有较大的示范和引领作用。

图1　工作室成员合影

二、专业的发展

（一）以公开课为平台，提升教学能力

聚焦课堂教学的研究，在教师专业发展中占据重要位置。课堂教学是教师专业体现的重要舞台，教师通过课堂教学向学生传授知识和经验，培养学生核心素养。名师工作室以课堂教学研究为切入点，开展形式多样的培训研讨活动，促使教师的专业不断进步和发展。

工作室所有成员都安排公开课研究活动。每节课都经过备课、磨课、上课、议课、反思、总结、分享七个环节。同样的环节，可以有不同的授课形式，如单人授课、同课同构、同课异构；实验课、活动课或者复习课；主打信息化技术课堂、主打地方性课程资源整合；等等，都给听课者以很大的启发。

组织工作室成员积极参加生物专业竞赛。比赛前，组织名师团队给队员把脉，认真听课和磨课，提出合理化意见和建议。我们工作室成员在广东省首届中小学青年教师能力大赛、2016年珠海市生物实验教学技能大赛、珠海市中小学生物教师实验教学说课比赛及香洲区生物微视频比赛中，屡次获得优异的成绩。这也是团队的力量。

（二）以培训为载体，提升科研水平

开展主题讲座是对学员开展业务培训的一种重要方式。为了提高工作室辐射力，工作室进行的主题培训都面向全区生物教师开放，让教师们都能获益。

1. 邀请专家讲学

专家可以是主持人，也可以是外聘专家。讲学的内容可以是纯理论的，也可以是专业前沿发展状况；可以是教育类报告、论文的撰写方法和技巧，也可以是名师成长经历与人生感悟。专家带来的培训，收获的不仅是专业知识，也可以是名师成长的智慧和鼓舞。

图2 邀请名师熊志权讲学

2. 邀请学员讲学

工作室每位成员都有他们的工作亮点，给他们一个平台，促进他们对自身的工作进行思考和总结。例如，我们工作室为推动生物教师专业发展和教学能力提升，以"促进教师信息技术与学科教学整合"为主题开展成员系列分享活动。丁沛斌老师的《会声会影在微课制作中的应用》《如何搜索教学资源》讲座，主要内容包括微课制作如何设置片头、剪辑视频、插入音频、配音、插入文字、捕获画面和视频等。鹿鸣老师的《微课制作技巧》《互联网教学资源的开发和利用》及九洲中学杨敏旭老师的《互联网在生物教学中应用》讲座，分别介绍了四种微课软件，包括PPT、Movie Maker、美拍大师、爱剪辑。培训内容浅显易懂，用案例来说明制作的方法及优缺点。罗春愈老师的《这样制作课件，更有趣哦》讲座，从课件制作软件、Focusky动画演示、PPT模板下载、课件制作技巧四个方面对如何制作课件做了形象生动的讲解。

梁志伟老师的《广东省实验操作与创新技能竞赛参赛经验》讲座，从他个人的参赛经历、竞赛成果展示、案例分析几个方面进行分享，为我们工作室的课题研究带来新的思路。

3. 阅读优秀书籍

通过阅读活动，带动成员自主研修，促进专业素养的自我提升。工作室购置了一批研修书籍，如《给教师的建议》《生物学与生活》《生物学实验教学疑难解答》和《英国中学主流教材——生物》等，内容涉及教育理论、教学实践及学科专业等方面。积极组织并鼓励每位学员坚持阅读，认真撰写读书心得。

图3　工作室优秀成员分享经验

（三）以课题为抓手，提高教师专业素养

实践表明，一线教师在教育教学上能积极参与教科研实践，自觉学习理论，更新教育观念，以科研带教研，以教研促教改，对提高教师自身素质大有裨益。课题驱动，行动研究是教师自我发展、自我提高的基本方法。基于此，工作室教学研究就围绕课题展开，成员的研究更有指向性。

工作室成立的6年时间里，分别开展了两项课题研究。其中"初中生物实验教学的改进实践研究"课题获得广东省生物"十三五"课题立项。从实验材料、实验用具、实验方法和步骤、实验过程方面对北师大版初中《生物学》教材中40个实验教学案例提出了合理化的改进建议，使实验的开设更具有效性、趣味性、简便性和可操作性。集大家智慧合著的《初中生物实验设计与思考》将于2020年8月出版。

　　课程资源的开发和利用是国家在课程标准中极力倡导与鼓励的。为进一步探索珠海地方性课程资源在生物学科中的有效应用，工作室还开展了"珠海地方课程资源与生物教学整合的研究"，组织成员参观斗门裕禾养殖有限公司麻黄鸡的孵化、养殖、饲料加工厂，参观横琴芒洲湿地公园、珠海绿手指有机农业基地、六乡水松林自然保护区等地方。另外，每位成员都进行了研讨课，对课程资源的开发和利用有了更深刻全面的认识，拓宽了教学视野和教学思路。

图4　参观麻黄鸡养殖基地

育种：

广泛学习，深度体验

在漫长的职业生涯中，很多美好时光留给了我和孩子们；在深度学习的过程中，专属于他们的记忆格外刻骨铭心。

听着东澳岛浪涛的隆隆拍击声，带领学生在海岛识别动植物种类；探访蘑菇生产基地，引导学生追踪它的前生今世；品尝自己亲手制作的面包和米酒，指导学生探索微生物为人类服务的奥秘；见证麻黄鸡养殖场小鸡的出生，陪伴学生深入了解鸡的生命历程；调研外来物种入侵的标志性生物，告诫学生牢记坚守国门的担当和责任。

心虽然很小很小，世界却很大很大。心为火种，让每一次蓬勃的跳动，聚集成熊熊烈火，照亮并温暖我们的教育世界。

基于深度学习教师实施监控的策略

进入21世纪，我国科学教育的主要目的是提高全体学生的科学素养。生物学课程是自然学课程，在培养学生科学素养方面担负着重要的任务。按照过去旧的课程理念，以教师灌输为主的传统教学方式是难以完成这一任务的。《义务教育生物学课程标准》（2011年版）中提出"倡导探究性学习"的理念，并要求学生在新课程的学习中应以探究性学习作为主要的学习方式之一。这种学习方式是对传统教学方式的一种彻底改革，学生将从教师讲什么就听什么，教师让做什么就做什么的被动学习者——"扯线公仔"，变为主动参与的学习者——"有话事权人"。我们也可以将这种学习方式称为研究性学习或深度学习。

学生学习方式的改变，必将使教学模式也发生根本改变，生物学课堂更多的将是学生的实验、讨论、交流等活动。教师在知识的呈现方式、课堂组织形式、教学内容的选择、教学评价、教学资源、教学时间、师生关系等方面也将随之进行调整而发生改变。

在珠海近10年的教学实践过程中，我充分利用珠海的地方性课程资源，带领学生进行研究性小课题的学习，课题包括"激情燃烧的东澳岛""我和蘑菇有个约会""麻黄鸡的一生——鸟类的生殖和发育""面包为什么会那么大？——酵母菌""校园蕨类植物""兰花的培育与市场经济价值——植物的组织培养""种子的发育所需要的条件——家庭豆芽萌发过程""微生物对人类的作用——家庭自酿米酒""参观拱北（珠海）水厂""我们身边的发酵技术——参观青岛啤酒厂"……以开设"研究性学习小课题"为契机，给学生建构开放的学习环境，逐步推动学生在学习方式上的转变。学生虽然是整个深度学习过程中的主体，教师在活动中合理实施过程监督和调控，却是活动能够得以顺利完成的前提和有力保证。

在活动过程中，教师的工作重点不仅局限于生物专业知识的指导，更重要的是对学习小组研究过程的各个环节进行引导、点拨、督促。教师实施过程监控的目的主要有三个：一是着重培养学生主动探索、自主学习的习惯，培养实事求是的科学态度和科学精神；二是引导和督促学生掌握科学研究的一般方法，保证每一个学生有序且有效地完成课题研究，亲身感受研究过程的艰辛，着重强调"过程"，确立"探索比到达更可贵"的观念；三是掌握各个课题小组的研究动态，及时帮助学生克服困难，鼓励其发挥各自的能力优势，尤其是学习成绩较差的学生，激励其树立自信，尽量缩短学生个体间由于知识水平差距而造成的技能水平的差距，以提高学生的整体素质。

如何指导学生有效开展深度学习？从学生的四个活动阶段实施监控。

第一，准备阶段：活动前期的动员和培训。

第二，启动阶段：组建课题小组、选课题、撰写开题报告。

第三，实施阶段：材料收集、课题研究、外出实践活动、材料整理、撰写课题论文和报告。

第四，评价阶段：总结和交流、评价和表彰、汇总师生活动材料、送赛。

一、营造积极的研究氛围，提供足量的课外知识和技能指导，为师生开展深度学习做好充分的准备

1. 营造积极的研究氛围

小课题研究活动比常规的教学管理更加重视学习情境的创设。在课题开题前，我通过开设讲座、参观相关科研基地、观看录像、上网查询等活动，为学生创设问题情境，诱发其探究动机。开题后，组织学生进行课题介绍，畅谈对课题的各种设想，学生可以随时提出自己在活动中的困惑和需要解决的问题。这种氛围环境的创设，一方面可使指导老师对各个课题小组的实施计划有更深层次的了解；另一方面学生可以经常性地受到老师的激励和点拨，创设了积极探究的情境。在研究性学习课题的实施过程中，学生间的互帮互学、互补互评形成了分工协作情境，而且，这种良好的氛围一直贯穿活动始终，从过程监控角度看，在一定程度上实现了学习氛围的监控。

2. 提供足量的课外知识和技能指导

深度学习强调的知识面，远远超过了教学大纲规定的范围，而且有些知识内容，任教的老师也只停留在教科书的书面文字上，从没真正实践过。深度学习着眼于追求对课本知识的加深与拓宽，强调学生把学到的知识加以综合后运用到实践中，这对学生知识和技能的要求都提高了，尤其是一些理论探讨类课题、方案设计类课题和科学实验类课题，如植物的组织培养、微生物在发酵技术上的应用、环保类课题等。而实验技能，大到电子显微镜，小到试管、酒精灯的使用，都会影响课题的研究。从正确书写开题报告、课题论文到试验数据的获得、记录，在整个过程中，教师不能忽略提供课外知识与技能的指导。

例如，"激情燃烧的东澳岛"课题活动所选地点是珠海万山群岛中部的东澳岛，课题研究资源很大程度上依赖于实地考察。我首先大量海选，从众多材料中找出合适的参考资料提供给学生进行活动前的培训，如《研究过程记录材料示范》《野外考察前的准备工作注意事项》《如何制作动植物标本》《如何制作花卉标本》《贝壳》等。

另外，这些活动指导材料不仅仅局限于生物学科，有时候可能会涉及与课题相关联的如物理、化学、天文、地理、美术、音乐等。通过各种知识的融合，让学生建立不同知识之间的横向联系，指导学生重视各学科多元知识的综合，形成不同学习方式间相互促进的良性循环。

二、分工协作，成立课题小组，指导学生完成研究小课题的选题工作

1. 合理监控课题小组的建立

师生在选好开展的课题内容后，组织学生以自由组合的方式成立小课题组，并初步确定本小组进行深度学习小课题的研讨内容。教师要指导学生处理好小组成员的分工与协作关系，做到有分有合、各展所长、协作互补。课题小组是自愿组合的，小组长是小组成员选举产生的，组内分工主要是根据组员的兴趣和特长爱好确立的。这样，小组内分工得当，能充分发挥各自的能力优势，充分挖掘潜力，小组成员间的精诚合作是成功的第一保证。经常性与组长们沟通交流，及时发现困难，解决问题。另外，我们还要指导学生处理好与指导老师、家长、社会的协作关系，学生从活动中学会处理问题和解决矛盾的

方法。

2. 指导学生进行科学性选题

指导学生选题的关键是立题的科学性，即选题必须有事实根据或理论依据，必须符合科学原理和事实发展的规律，必须适合年龄特点和活动可提供的条件。教师对学生选题的监控可防止学生选题出现科学上的错误，督促学生对选题反复进行推敲，甚至在活动初期，如果学生觉得选题有问题，还可以进行修改。小组的选题不宜过大、过深，应体现兴趣性、需要性、科学性、过程性、实践性和可行性等。

例如，在进行《植物的组织培养》研究性学习活动中，本人任教的两个班近120名同学提出了较为集中的9个问题：

（1）为什么植物组织培养要在无菌条件下进行？

（2）植物组织培养的具体步骤和过程是怎样的？

（3）什么叫愈伤组织？

（4）培养基成分与作用是什么？

（5）植物组织培养技术的利弊和应用是什么？

（6）植物组织培养产生的新植物体的基因是否改变？

（7）种子繁殖植物和组织培养植物的植物生长速度哪个更快？

（8）为什么组织培养技术可以将培养物保存在超低温条件下进行长期保存和长途运输？

（9）组织培养能否被不法分子不正当使用（如加速繁殖毒品）？

一些较有价值的问题的提出，让我欣喜若狂，它们体现出学生积极思考问题的良好学习习惯。

活动以珠海市农科中心兰花组织培养基地为学习据点，指导4个小组最后确定研究小课题的选题为：

（1）植物组织培养准备区——培养基的制作。

（2）植物组织培养增殖区操作步骤、注意事项。

（3）植物组织培养生根成芽、移栽成活区操作步骤、注意事项。

（4）植物组织培养的应用、技术上的优缺点。

三、健全方案，引领学生按计划完成整个深度学习过程

1. 及时鼓励，及时疏导，防止学生在活动过程中积极性打折扣

从开题到结题，这是一个相对较长的过程。从心理学角度分析，初中生还不具备成熟的自控能力，虽然是根据自己的学习需求选题，也难免会被学习过程中始料不及的挫折所困扰而产生懈怠、推脱、逃避、畏缩等消极的情绪，造成积极性的减退。例如，我们在进行"我们身边的发酵技术"课题研究时，学生进超市调查与微生物发酵技术相关的食品，服务员不让学生用相机拍照，起争执后保安还恶语相向，这严重挫伤了学生的积极性和自尊心。回学校后，他们向我"投诉"周边市民的素质太差，现实与想象之间有太大的距离，要获得实践的第一手资料太有难度……在小组交流时，他们就流露出想退缩的情绪。但经过与老师交谈，听其他小组同学的经验介绍，最后他们找到了解决的办法：理直气壮、巧用工具、相互帮助，最后顺利完成素材的收集工作。

学生在活动中产生情绪波动是普遍存在且完全可以理解的。事实上，课题实施过程中学生出现的困难，作为有经验的教师也应当具有一定的预见性。我们可以在活动产生矛盾及困难之前，给学生一些合理化建议。学生在困难面前，老师要耐心疏导，及时鼓励，帮助学生找到问题症结所在，消除思想包袱，让学生的情绪重新振作起来，保证学习的顺利开展。

2. 计划周全，监控方案的操作性，避免活动走弯路

对学生制订的计划进行监控。与学生一起研讨研究计划的合理性和可行性，尽量少走弯路；合理安排各个时间段，提高工作时效性。教师要掌握各小组的研究计划，以便把握好各小组的研究进度，强化学生的时间观念和纪律观念，督促其及时完成阶段性任务，并参与不同时期的阶段性交流和答辩。

对学生活动实施过程进行监控。如果是实验类的课题，要求实验原理正确，步骤合理，现象明显，结论科学；探索性实验还要求翔实的数据，得出有一定价值的结论，学生不能为了得到成功的结果而篡改或捏造实验数据；如果是调查访问类的课题，要求学生收集采访过程的第一手资料，以相片、视频、录音等方式做好记录。

方案的实施过程中，要求学生始终保持从实际出发、实事求是的科研态度，着重培养自己独立解决问题和处理问题的能力，克服困难，锁定目标不轻

言放弃，踏踏实实地完成课题各个环节的研究任务。

3. 忌教师大包大揽，处理好教师指导与学生互助的关系

看到学生遇到困难，有时教师难免着急插手而干预过多，让学生减少或丧失了思考和锻炼的机会。活动中，教师的角色更应当是一个指导者。再者，教师的指导作用也不是万能的，也不可能面面俱到；相反，如果真的十分周全，反而抑制了学生才能的充分展示。我们最终应发挥生物课题小组组内和组间的动力，让学生参与管理与监控，实现教师与学生及不同学生间的优势互补。

4. 精挑细选，去伪存真

精挑细选，去伪存真，沉淀和积累师生需要的活动素材，监控信息材料的获取和论文、报告的撰写。

在知识大爆炸、信息获得途径多样化的时代，监控学生获取有效、正确的信息是非常重要的一个环节。学生的信息来源是多方面的，包括网上查询、图书资料、调查访谈、问卷调查、实地参观等，这些信息是研究性课题实施过程坚实的理论基础。学生可能从多渠道获得了五花八门的内容，如文字、图片、视频、报道、PPT等，如果不能有效地利用信息，就可能会简单地将所收集的信息堆砌在自己组的研究报告中，信息反而没有体现出应有的价值。教师应当指导学生获取信息的途径或有效范围，从信息中提炼出有用的部分，从信息中得到启示，从而概括或抽象出属于自己的观点。信息处理监控还包括保证各类调查表的设计、发放、回收、统计、分析和结论等环节的落实。

每次课题结束，要求各小组学生撰写小课题报告（或论文），并制作出本小组的汇报PPT。初中学生年龄比较小，不知如何下笔写课题小论文或报告，对论文或报告的基本格式、书写要点都不清楚；虽然在他们的计算机课上学过制作PPT汇报材料，但就汇报的顺序、汇报内容的选择、色彩、明暗度等方面都把握不好。根据学生的实际情况，我会在他们开始"工作"前，对负责材料的相关学生进行培训，并将上届学生制作较好的作品展示给学生，让他们对即将开展的工作有个初步的认识。在撰写报告或论文方面，一方面主要引导学生学会简洁明了地表述学习过程，并能将实践经验上升到理论高度，学会阐述自己小组的观点，思路要清晰开阔，语言表达要通顺精彩，文体格式规范，不能出现科学性的错误；另一方面督促学生始终保持实事求是的研究态度，强调材料的科学性、真实性和独创性，使书写的材料成为交流、答辩、评价的重要依据。

四、开展形式多样的交流会，重过程性评价，让学生在快乐的参与中成长

活动接近尾声，到了师生收获的季节。

一直以来，在我带领学生进行的多项研究性课题活动中，对学习课程的评价主要体现出重过程、重体验、重全员参与的要求，体现出形成性评价的特点。

评价的原则：以激励性评价为主；以过程性评价为主，结果性评价为辅；自我评价和他人评价相结合。

评价的方式：组内自评、组间互评、教师评价。形式可以是交流会、汇报会、模拟答辩会等。

教师的评价监控贯穿深度学习的整个过程：在课题开展初期，对各小组的计划和设想进行判断和评价，本着鼓励性原则，促进学生拓展研究的思路，纠正学生一些错误的思维方式；到中期，督促各小组成员对研究成果进行自我判断与自我评价，促进其研究过程的改进。

在我们的评价中更多关注的是学生学习过程中提出问题、分析问题、解决问题的能力和心理体验。让每个学生通过参与课题的研究，充分体现出同学间的团结合作精神，充分激发学生关注社会的意识，培养学生的思维能力和实践能力。由于面对的是初中学生，因此，一直以来弱化注重研究成果的实际价值，而侧重学生亲身参与的体验。我在构思最后的总结汇报课上，往往采用类似年度颁奖的形式，设立"最佳论文奖""最佳创意奖""最佳标本制作奖""最佳软件制作奖"等，由老师及嘉宾给获奖的小组颁奖，以发纪念品、奖状等方式对学生进行表扬鼓励。

整个深度学习活动完成后，还要带领学生将活动材料进行汇总，如课例报告、课题开题报告、实验报告单、小组论文、学生课件、教师讲义稿、教案、反思表、活动照片等，整理成册，呈送上级部门或参加科技创新大赛，或参加综合实践活动比赛等，让学生在收获知识的同时，获得心理上的满足和喜悦。

多年来，深切体会到深度学习的指导不同于平常传授的专业课，它对教师教学观念和教学行为的改变有更大的促进作用：教师不仅是深度学习的组织

者，也是深度学习的参与者和协作者，更是一名不折不扣的学习者。教师只有努力学习，不断完善，拓宽知识面，才能提高自身综合素质，提高教学水平，进而在教学中自觉推进素质教育，促进学生全面发展。

关注国门生物安全　守护珠海生物家园

——深度学习教学设计

一、教材分析

"关注国门生物安全　守护珠海生物家园"课程采用师生开展深度学习活动形式，知识内容出自北师大版《生物学》八年级下册第23章"生态系统及其稳定性"第4节"生态系统的稳定性"。

本节课的主要内容是帮助学生进一步了解"生态系统的自我调节能力是有限的"原因，人为因素是破坏生态系统稳定性的重要因素之一。教材的"课外读""思考与练习"教学环节中，提出"外来物种入侵"的概念，并佐以澳洲家兔、凤眼兰、大米草、食人鲳等实例进行分析。研学活动的开展是对书本知识的进一步拓展。

二、学情分析

参与研学活动的学生来自初二（6）班23名同学，已经具备一定的初中生物知识基础与课外活动能力。通过自愿报名组建研学小组、开展研学活动、整理并制作汇报材料、公开汇报课等学习环节，是学生改变学习方式的一次尝试。主动报名参与活动的同学思维活跃，有强烈的好奇心及对生物学科浓厚的学习兴趣。同学们团结协助，各司其职，在老师的指导下获得了课堂学习之外的体验和快乐。

深度学习教学方式的探索，将学习目标侧重于学生获得亲身参与学习过程的体验、基本能力的培养。学生在活动过程中通过实地考察以及研学材料收集、整理、汇报达到展示和提高自我的目的，本次学习对师生来说是一次非常有趣的学习经历和成长体验。

三、教学策略

2017年版《生物课程标准》中提出生物学科核心素养的概念，其中说到生物学科核心素养是生物科学最本质、最核心的部分，是学科特征的灵魂体现，是能满足学生终身发展所必需的生命观念、思维和方法。它包括生命观念、社会责任、理性思维和科学探究四种素养。结合初中学生特点，如何在日常课堂教学中融入生物学科核心素养成为教师有效组织教学的主线和教学理念。

为更好地贯彻和落实"生物学科核心素养"的要求，本节课教学设计上没有直接用书本或者网络寻找的资源进行授课，而是充分利用学生身边的教学资源。从挖掘珠海地方性课程资源入手，利用珠海毗邻澳门具有海关特殊性教学资源的地理优势，分主题引领学生开展"外来物种入侵"案例调查、国门生物安全防范的研学活动。通过研学成果汇报，了解国家生物安全问题的严重性、国门生物安全的紧迫性，明确自己在保护生态系统中的责任和担当。

四、教学目标

1. 知识与技能

（1）概述生态系统稳定性被破坏的原因（科学探究）；外来物种入侵的危害。

（2）了解从国家到地方，采取了哪些防范外来物种入侵的手段和方法。

2. 过程与方法

（1）通过参与社会实践活动、学生成果展示的课程环节设计，强调学生自然智能、人际交往智能、自知自省、语言智能的培养和训练；通过研学活动培养学生的科学态度、团队精神和团结协作意识。

（2）通过收集和整理、分析研学资料，学生学习有效获取信息的方法，学会理性思考问题。（理性思维）

3. 情感态度与价值观

（1）关注影响生态系统稳定性的因素，尊重生态系统自身规律。（生命观念）

（2）通过对珠海外来物种入侵案例研学和参观动植物检疫部门及海关，明确保护生态系统稳定性的重要性，提高国门生物安全意识和责任感。（社会责任）

五、教学重点

生态系统稳定性被破坏的原因；外来物种入侵的案例分析。

六、教学难点

组织学生开展研学活动，并分享研学过程及成果。

七、教学过程

（一）准备阶段

（1）全班进行宣传发动，明确本次活动的意义。

（2）组织培训：深度学习的方法指导、户外实地考察注意事项、学习课题资料的收集整理等专题内容。

设计意图： "深度学习"有别于传统教学学习方式，学生对于这种学习方式存在陌生感，老师需在活动前对学生进行培训。

（二）启动阶段

（1）同学们根据"外来物种入侵"提出问题，教师将同学们的各种问题进行归纳和汇总（如图1所示）。

（2）成立各深度学习小组。以自愿报名为原则，组建5个子课题小组。选出组长，组员4～5人。教师指导各课题小组选题，并制订好本课题的实施方案，撰写活动开题报告（如图2所示）。商定各小组活动时间，制定活动安排表（如表1所示）。

设计意图： 深度学习从狭义的概念解释是指学生在教师指导下，从自然现象、社会现象和自我生活中选择与确定研究专题，并在研究过程中主动地获取知识、应用知识、解决问题的学习活动。学生根据兴趣爱好选择研学小课题，选题遵循科学性、可行性原则，选题内容精确，适合操作。

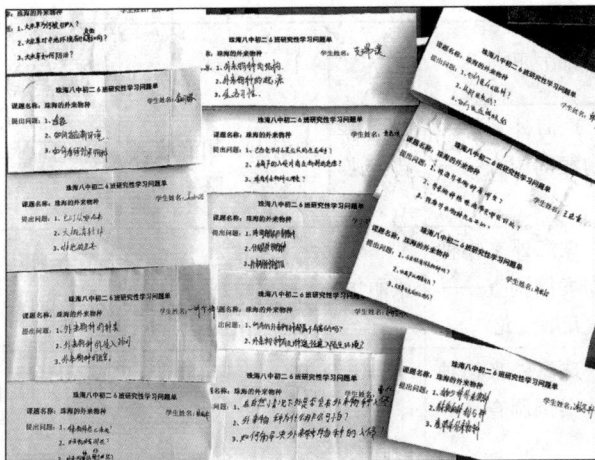

图1　学生提出的问题

课题开题报告（第四小组）

课题主题	研究学习课题名称		指导教师
关注国门生物安全，守护珠海生物家园	保卫国门生物安全，我们在行动！——珠海拱北口岸考察活动		朱梅
组　长	颜希桐	副组长	无
课题小组成员（名单）：颜希桐·范程凯·邓柏远·冯嘉文			
开展此课题研究的目的与意义：了解珠海外来物种的种种，以及如何防止外来入侵物种入境			
1、小组成员分工情况：颜希桐·邓柏远：分享·总结 冯嘉文：做PPt 邓柏远：拍摄 颜希桐·邓柏远·范程凯：记笔记			需要帮助解决的难点：无。
2、活动步骤或阶段：步骤①在课后了解拱北岸的处理位置及考察知识的提前温习 ②进入拱北口岸 观察考察 相关地点：生物馆研究局 ③课后笔记、进行课题总结			
3、活动所需的条件：			
课题展示的方式方法：公开课			
指导教师意见：拱北峰老师会帮忙联系，做好与口岸以及人员的沟通交流，记录的内容以下。			

珠海八中　初二（6）班　研究性学习课题组

2018 年 4 月

图2　小组课题开题报告

表1　研学活动安排表

序号	研学主题	组长	组员	考察时间安排	考察地点
组1	主题一：珠海外来物种入侵植物案例调查——水葫芦	曹仕泓	刘南山、胡能威、段宏森、陈钰翔	4月3日周二下午4时	珠海市香洲区梅溪路
组2	主题一：珠海外来物种入侵植物案例调查——薇甘菊、五爪金龙	梁丽华	冯露萱、王晓童、陈希、周秋怡	4月10日周二下午4时	北师大珠海校区
组3	主题二：珠海外来物种入侵动物案例调查——红火蚁	李明璐	胡亦倬、谭懿铖、李雨哲	4月12日周四下午4时	北理工珠海校区
组4	主题三：保卫国门生物安全，我们在行动！——珠海拱北口岸考察活动	颜希桐	邓柠远、范程凯、冯嘉文	4月16日周一下午4时	珠海拱北口岸
组5	主题三：保卫国门生物安全，我们在行动！——珠海出入境检验检疫局考察活动	丁婉月	宾孙华、许嘉津、朱明萱、罗桉达	4月17日周二下午4时	珠海出入境检验检疫局

（三）实施阶段

1. 资料的收集工作

根据文献资料和网络资源，查阅与课题有关的内容并开展学习及研讨，以丰富研学知识。教师指导学生对已收集的资料进行批判性研究，去粗取精，去伪存真。学生从这些资料中总结分析与研究课题相关的理论、知识经验及前人的研究成果。

2. 开展实地考察

按照活动时间表，学生在教师的带领下开展实地研学调查活动。根据所选的课题采用不同的研究方法，如访谈法、观察法、实验法等。老师定期检查各子课题研究进展情况，举行各子课题组成员座谈会，了解子课题研究中出现的问题、存在的困难，及时帮助解决。

这次活动充分利用了地方性课程资源，考察地点有以下5个：梅溪的水葫

芦（如图3至图6所示）、北师大珠海校区的五爪金龙和薇甘菊（如图7、图8所
示）、北理工珠海校区的红火蚁（如图9、图10所示）、珠海拱北口岸海关（如
图11至图13所示）、珠海出入境检验检疫局（如图14至图16所示）。

图3　采集水葫芦标本（1）

图4　采集水葫芦标本（2）

图5　采集的标本在生物园进行培养

图6　观察标本

图7　采集标本

图8　实地压制标本

图9　在专业除虫公司
技术人员带领下考察红火蚁（1）

图10　在专业除虫公司
技术人员带领下考察红火蚁（2）

图11　参观珠海拱北口岸海关（1）

图12　参观珠海拱北口岸海关（2）

图13　参观珠海拱北口岸海关（3）

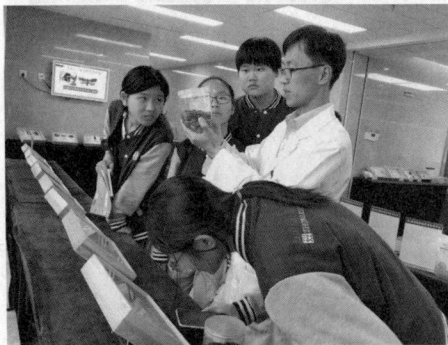

图14　参观珠海出入境检验检疫局（1）

图15　参观珠海出入境检验检疫局（2）

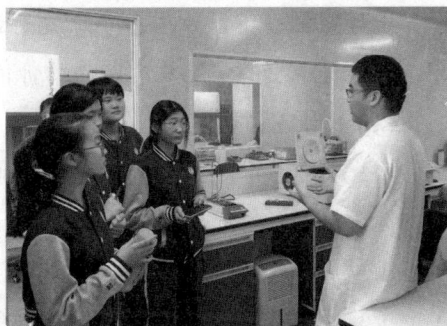

图16　参观珠海出入境检验检疫局（3）

3. 收集数据和制作标本

水葫芦研学小组需要进行植物后期培育的数据收集工作（如图17所示）；五爪金龙和薇甘菊研学小组需要对标本进行后期压制及上台纸工作（如图18、图19所示）。

调查表格

	幼小期			完型期		生长时期调查日期调查内容
4.3	4.10	4.17	4.3	4.10	4.17	
12cm	14.3cm	19cm	14cm	15.7cm	18cm	叶片长度（1）
9.4cm	12.1cm	17cm	20cm	22.4cm	24.2cm	叶片长度（2）
3.6cm	3.9cm	4.5cm	12cm	14.3cm	17.5cm	根系发育（1）
4.2cm	4.7cm	5.5cm	10.9cm	14.4cm	18.7cm	根系发育（2）
9.5cm	11.2cm	12.5cm	9.5cm	11.2cm	12.5cm	分枝长度
		一分枝	二分枝	三分枝		分枝多少

得出结论：每个星期，水葫芦都会多一个分枝（利于快速繁殖/无性）。

图17　学生培育水葫芦记录的数据

图18　压制标本

图19　制作标本

189

设计意图：学以致用。小课题所选的内容都来自地方性资源，知识与实践相结合，对学生的学习具有较高的价值和深远的意义。

（四）形成调研汇报

（1）小组同学分工合作，汇总调研成果并形成汇报课PPT。撰写小课题论文，为汇报课做好充分的准备。

（2）教师指导并帮助同学修改汇报课PPT和小课题论文。

（3）研学活动汇报课（范围：全市生物教师）。

活动当天准备工作：

（1）教案、上课PPT（教师，如图20所示）。

（2）学生汇报课件（学生，如图21所示）。

（3）珠海"国门生物安全教育"宣传版（珠海出入境检验检疫局提供，如图22所示）。

（4）红火蚁、薇甘菊、五爪金龙、水葫芦实物及标本（师生，如图23所示）。

（5）制作研学活动纪实视频（教师）。

（6）汇报课当天录制工作（教师）。

设计意图：由于本次活动班级只有50%的学生参与，且每个小组学生参与的只是自己的小课题研究，所以学习活动的开展具有一定的局限性。通过汇报课的形式，让学生通过汇报进一步得到锻炼，让没有参与活动的学生通过观摩获得学习和知识体验。

图20　教师授课

图21　学生汇报

图22　宣传国门生物安全教育

图23　上课时展品

（五）形成研学课例

将师生整个学习过程材料进行汇总打包，送省、市参加科技创新大赛科技实践活动类项目的比赛（如图24、图25所示）。

设计意图：让师生的研学成果尽可能最大化。成果的汇总过程也是一个学习和思考的过程。

图24　研学课例材料（1）

图25　研学课例材料（2）

八、教学评价

对学生深度学习课程的评价主要体现在对学生课题研究过程及研究成果的评价上，且以过程性评价为主。

1. 评价的原则

以激励性评价为主；以过程性评价为主，结果性评价为辅；自我评价和他人评价相结合。

2. 评价的方式

评价中更多关注的是学生学习过程中提出问题、分析问题、解决问题的能力和心理体验。每个学生通过参与课题的研究，充分体现出同学之间的团结合作精神。激发出学生关注社会的意识，培养学生的思维能力和实践能力，而不仅仅是注重研究成果的实际价值，因此对课题研究的评价主要是采用评定的方式。

在最后的汇报课上，由各小组汇报学习成果。对各小组的表现，我们采用类似年度颁奖的形式，设立"最具创意奖""精诚合作奖""最佳课件制作奖""最佳汇报表演奖"四个奖项，由老师及嘉宾给获奖的小组颁奖，以发纪念品、奖状等方式进行表扬鼓励（如图26所示）。

图26　公开课上的表彰

九、教学反思

1. 节选市生物教研员王老师评课

这节课围绕"外来物种入侵"课题展开一系列研学活动，内容丰富，课程饱和度高。我们生物课程力推深度学习（也称研究性学习），因为它是发展学生核心素养最好的一种学习手段。学生们实地考察、亲自采集标本、制作标本、查找资料书写小论文、制作汇报课的课件，这些过程都提高了学生们的动手能力、思考能力和信息收集整理能力，而且通过学习能够更深刻地了解社会，提高担当和责任意识。

建议：加强课程后期宣传，将每一小组的收获做成展板向其他人宣传，扩大学习的受益面。

2. 节选十一中青年教师易老师评课

作为年轻人，通过本节课受益良多。这种学习方式，让学生学习的生物知识与生活紧密联系起来，让学生更加关注生物学在生活中的作用，实用性强，也非常有趣味性，学生们对学习更感兴趣。

3. 个人教学反思

通过评课，老师们对这节课表扬居多。但我认为，这节课还有许多值得进一步思考的地方。

（1）学生对深度学习过程还是很陌生，老师要一步步带着他们走，一步步推进工作和活动的开展，在将来的学习上还要进一步培养学生的自主能力。

（2）"生物概念教学"是2011年生物新课标中强调的一个内容，学生对概念的获取不是来自书本，而是通过实践，通过自省自知，自己总结获得。

（3）学生能力的培养来自每一节，而不仅仅是一个活动、一节公开课。

（4）汇报课只有不到一小时时间，受时间所限，师生还有很多非常精彩的内容没能展示；对学生汇报环节中错误或缺漏的地方，老师也来不及纠正。课堂上，学生生成了许多耀眼的闪光点，也没有时间展示出来，让它们更出彩（如图27所示）。

图27　汇课报的教师评教环节

　　点评：本文作者以外来物种入侵为主题，采用研究性学习活动的形式，目标是培养学生发现问题、提出问题，从而解决问题的能力。教学设计以本地四个外来入侵物种的案例调查和两个相关机构的考察活动为学习载体，让学生亲历知识产生与形成的过程；使学生学会独立运用其脑力劳动；追求知识发现、方法习得与态度形成的有机结合与高度统一，充分体现研究性学习的实质与灵魂——知识的自主建构。

——珠海八中教研室副主任、生物科组长　贝丽妍

"水葫芦的危害与防治"深度学习报告

一、课题的产生

我们在学习八年级《生物学（下册）》第八单元《生物与环境》中了解到，自然界中所有生物都会与环境相互作用、相互影响，而人类在维持生态系统的稳定性中发挥着重要作用。教材列举了原本以经济或者观赏为目的而引种的水葫芦、大米草等植物，由于严重损害当地生态系统，最终转变成破坏力超强的"入侵者"。为什么它们有如此大的威胁？我们珠海本地也存在这个现象吗？选择什么方案防治最合适？我们以水葫芦为研究对象开展调查活动。

二、活动过程

（1）搜索资料：主要从网络上查找，了解水葫芦的相关资料。

（2）实地考察：

第一步：广而告之，征询珠海城区水葫芦生长的位置。

第二步：寻找珠海城区水葫芦的踪影。

第三步：珠海梅溪路段，打捞水葫芦带回学校培养。

第四步：组员对学校或家里培养的水葫芦进行观察，记录水葫芦的生长情况。

（3）整理资料：汇总网上收集的资料，结合我们考察的资料做成PPT文件，撰写小课题调查报告。

（4）成果分享及展示。

三、活动报告

（一）水葫芦基本情况介绍

1. 水葫芦形态结构及繁殖方式

水葫芦，又叫"凤眼蓝"（学名：Eichhornia crassipes［Mart.］Solms）。原产巴西，浮水草本。茎极短，匍匐枝淡绿色。叶在基部丛生，莲座状排列；叶片圆形，表面深绿色（如图1所示）。须根发达，棕黑色（如图2所示）。

图1　水葫芦的叶片

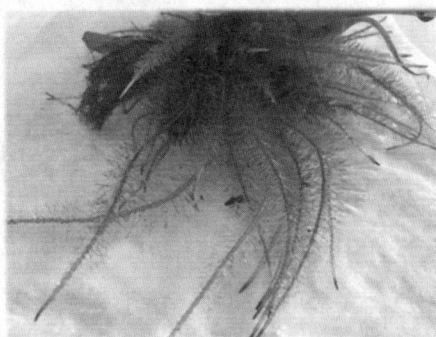

图2　水葫芦的根

水葫芦生殖分为有性生殖和无性生殖。穗状花序，通常每个花序具9~12朵花，花瓣紫蓝色（如图3所示）。水葫芦繁殖力极强，每个花穗包含有300~500粒种子（有性繁殖）（如图4所示）。

图3　水葫芦的穗状花序

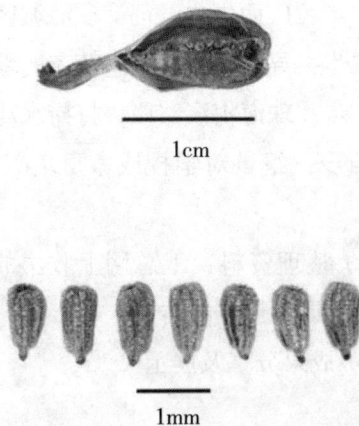

1cm

1mm

图4　水葫芦的种子

环境温度达到25℃以上时，水葫芦会依靠匍匐枝和母枝分离的方式进行无性繁殖，使植株数量在5天内增加一倍（如图5、图6所示）。

图5　水葫芦的匍匐枝

图6　水葫芦的无性繁殖

2. 水葫芦被引种的原因

水葫芦的吸污能力在所有的水草中，被认为是最强的。在适宜的条件下，一公顷水葫芦能将800人排放的氮、磷元素当天吸收掉。同时还能将污水中的镉、铅、汞、铊、银、钴、锶等重金属元素去除。因此，人们大量培育水葫芦主要是用来净化水质。

水葫芦可以作为动物的饲料来源之一，如喂食猪的饲料；利用特殊加工的水葫芦编制成各种家具和装饰品；将水葫芦加工成草粉饲养獭兔；水葫芦的花和嫩叶可以直接食用，其味道清香爽口，有润肠通便的功效；水葫芦是很好的造纸原料，叶片可生产出写字纸、广告纸、卡片纸等；水葫芦还可入药，具有清凉解毒、除湿、祛风热的功效；外敷可治疗热疮。

（二）我们的研学过程

1. 准备

由于城区大多数水域进行环境治理，在城市中心地域要找到水葫芦并不容易。我们在比较偏僻些的梅溪路高铁桥下，循着一片蛙声找到了它们的踪影。

活动时间：2018年4月3日下午4∶30。

采集地点：珠海梅溪路（如图7所示）。

采集工具：捕捞网、水桶（如图8所示）。

图7 采集地点

图8 打捞工具

2. 采集

在一条小水沟里，长满茂盛、粗壮、碧绿的水葫芦，植株布满了整个水面，偶尔能看到青蛙乱蹦。水质混浊，有腥臭味。我们用网打捞，放入水桶内。一小会儿，就满载而归（如图9至图11所示）。

图9 到达目的地

图10 开始打捞

图11 打捞收获

3. 培育并记录过程

将大部分水葫芦倒入学校水池中培养。倒入前，选取一部分做好标记，记录其根、叶生长情况。将小部分水葫芦带回家中培养，记录其生长发育过程中的变化（如图12至图14所示）。

图12 将水葫芦倒入学校水池中培养

图13 做好记录

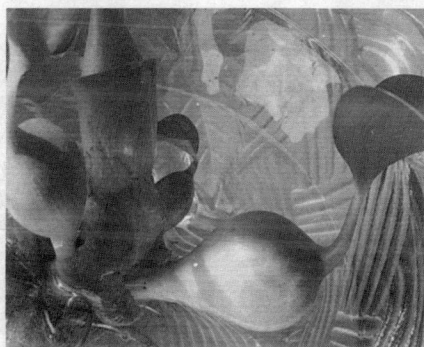

图14 将水葫芦带回家中培养

4. 水葫芦生长情况

（1）家中培养情况记录

表1　水葫芦培养记录表

生长时期 调查日期 调查内容	分枝株 4.3	分枝株 4.10	分枝株 4.17	母株 4.3	母株 4.10	母株 4.17
叶片长度 （最大叶片）	12cm	14.3cm	19cm	14cm	15.7cm	18cm
叶片长度 （最小叶片）	9.4cm	12.1cm	17cm	20cm	22.4cm	24.2cm
根系发育 （最短根系）	3.6cm	3.9cm	4.5cm	12cm	14.3cm	17.5cm
根系发育 （最长根系）	4.2cm	4.7cm	5.5cm	10.9cm	14.4cm	18.7cm
分枝长度	9.5cm	11.2cm	12.5cm	9.5cm	11.2cm	12.5cm
分枝情况	无分枝	无分枝	无分枝	原一分枝	生二分枝	生三分枝

水葫芦生长很快，每个星期都会多一个分枝，其分枝生长的速度甚至比母株更快。

（2）学校培育情况

放在水池里的水葫芦，其根部马上成为鱼类争相抢夺的食物，我们只好全部捞起来放入3个大的垃圾桶里进行培养（如图15所示）。

2018年5月5日，距离我们采集一个月时间后，水葫芦终于开出第一束花（如图16所示）。

图15　将水葫芦放入垃圾桶中培养

图16　水葫芦开花了

（三）我们的研学成果

1. 调查水葫芦给珠海环境带来的危害

　　我们在各种媒体上都能查询到水葫芦给珠海环境带来负面影响的报道：珠海海岸聚集了大量水葫芦，环卫工人紧急清理（如图17所示）；珠海水葫芦繁殖速度极快，生态杀手霸占水道河涌（如图18所示）；海岛沙滩大量水葫芦堆积（如图19所示）。

图17　受水葫芦影响的海岸

图18　水葫芦繁殖速度极快

图19　沙滩大量水葫芦堆积

　　我们了解到其危害性还包括：

　　（1）阻断航道，影响航运，是水利、环保的头号敌人（如图20所示）。

　　（2）水葫芦大量繁殖及其腐烂阶段会大量消耗水体中的溶解氧，水下动物如鱼类活动繁殖空间减少，造成大量死亡（如图21所示）。

　　（3）密集的水葫芦造成堵塞，水体流动不畅，各种重金属等不能有效清除，造成水资源的破坏。

图20 水葫芦对河面的影响

图21 水葫芦对河水的影响

2. 水葫芦治理的方法：建议早发现早处理

（1）生物防治方法

增加水葫芦的天敌，如饲养以水葫芦为食物的鸭子或者黑天鹅（如图22所示）。

图22 用水葫芦饲养鸭子

建议：成本低，见效快，对环境无副作用。建议多采用。

（2）物理防治方法

第一步：在前山河珠海流域的河涌起始点设置两道拦污栅，阻挡上游的水葫芦进入涌内，再对涌内的水葫芦进行分段治理（如图23所示）。

第二步：人工或机械打捞（如图24至图26所示）。

建议：成本高，但效果好，对环境无副作用。建议多采用。

图23 用浮桶拦截水葫芦

图24 人工打捞水葫芦

图25 机械打捞水葫芦（1）

图26 机械打捞水葫芦（2）

（3）化学防治方法

珠海尝试使用获得国家专利的生物治理水葫芦技术对拦截后的水葫芦进行消杀。主要是发挥生物和化学手段的优势，通过自主研制药剂，对水葫芦的表面进行喷施，药物的作用使水葫芦细胞间的氮迅速积累，呼吸作用与光合作用停止，植株彻底死亡（如图27所示）。

图27 化学方法消杀水葫芦

调查建议：成本高，见效快，但对水环境及其他动植物有副作用。建议少采用。

四、我们的收获

1. 发现问题

（1）家里小面积培养和学校水池里的水葫芦，长势都越来越不好，最后枝叶会发黄，没有过去碧绿。我们猜测可能水质和光照等因素对其生长具有一定影响。

（2）培养一段时间后，学校水池内的水开始变黑，是水葫芦的根系还是微生物快速生长对水质造成了影响，或是其他什么因素，我们还未知。

2. 学习体会

（1）因为水域相通，水葫芦的治理问题不是某一个地区的事情，它需要各地区联合治理。

（2）及早发现灾害苗头，尽早防治和处理，不能等到形成大面积灾害才去处理。

（3）生物防治方面，对环境的副作用最小，适合水葫芦量少时治理。使用药物治理时，对水体环境仍然有一定的破坏。

（4）通过调查，同学们了解到水葫芦给珠海水域环境带来的危害，加强了防范外来物种入侵的意识。同时也认识到，一切事物都有两面性，我们在决定一件事情的时候要从多方面、多角度权衡和深入调查，避免草率的决定最后酿成大祸。

图28　活动中合影

"薇甘菊和五爪金龙的危害与防治"
深度学习报告

一、课题产生

　　珠海这座宜居城市青山绿水，植被繁茂，环境优美而令人自豪。但在相关的媒体报道中，经常会提及"外来物种入侵"这个话题。珠海植被中哪些植物是主要外来入侵的物种？它们到底会对生态系统造成什么样的影响？科学的防治方法有哪些？在老师的带领下，我们以珠海常见的外来入侵植物薇甘菊和五爪金龙为研究对象，展开相应的调查活动。

二、活动过程

1. 搜索资料

主要从网络上查找，了解薇甘菊和五爪金龙的相关资料。

2. 准备工具

标本夹、粗绳子、大量报纸、台纸、裁纸刀、手机。

3. 实地考察

第一步：小组成员前往北京师范大学珠海分校（北师大珠海分校）、珠海八中校园周边开展研学活动，同时采集植物标本，压制标本。

第二步：定期在老师处给标本更换报纸，完成标本的压制工作。用手机拍摄并记录活动过程。

第三步：最后完成标本上台纸工作。

4. 整理资料

汇总网上收集的资料，结合我们考察的资料做成PPT文件和撰写小课题调查报告。和老师交流，修改汇报材料。

5.成果分享及展示

（略）

三、薇甘菊研究

我们往往会被公园、社区、绿道中这些常见的植物所迷惑，它们与我们研究的植物在生活环境、攀爬依附的方式上看上去非常相似。它们分别是爬山虎（如图1所示）、蔓九节（如图2所示）、山蒟（如图3所示）。

  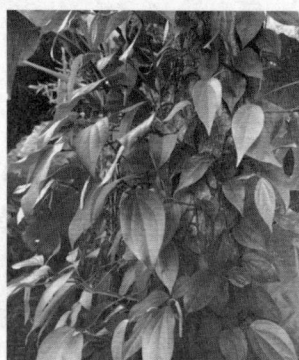

图1　爬山虎　　　　　　图2　蔓九节　　　　　　图3　山蒟

薇甘菊，也称"小花蔓泽兰"。菊科多年生草本植物或灌木状攀缘藤本，平滑具多柔毛；茎圆柱状，有时管状，具棱；叶薄，淡绿色，卵心形或戟形，渐尖，茎生叶大多箭形或戟形（如图4、图5所示）。在北师大珠海分校校园里，我们按老师的指引找到了薇甘菊，并采集部分植物当场进行标本的压制（如图6所示）。

图4　薇甘菊　　　　　　图5　薇甘菊叶子

图6 压制标本

在学校的篮球场围栏上，我们发现了带有花及种子的薇甘菊。我们进行了标本的采制（如图7至图10所示）。

图7 开花的薇甘菊

图8 采集标本

图9 现场压制标本

图10 薇甘菊的种子

薇甘菊圆锥花序顶生或侧生，复花序聚伞状分枝；头状花序小，花冠白色，喉部钟状，具长小齿，弯曲；瘦果黑色，表面分散有粒状突起物；冠毛鲜时白色。种子小而轻，易借风力、水流、动物和昆虫及人类的活动传播（如图11、图12所示）。

薇甘菊

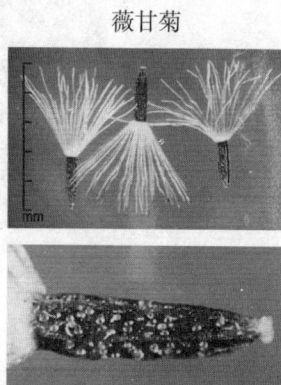

图11　薇甘菊的种子小而轻　　　　图12　放大镜下看到的薇甘菊种子

薇甘菊的分布及危害：

原产于南美洲和中美洲，现已广泛传播到亚洲热带、亚热带地区。薇甘菊是多年生藤本植物，它攀缘缠绕于乔灌木植物，重压于其冠层顶部，阻碍附主植物的光合作用继而导致附主死亡，是世界上最具危险性的有害植物之一（如图13所示）。

图13　薇甘菊重压在其他植物冠层顶部

在中国，薇甘菊主要危害天然次生林、人工林，对6~8米以下的几乎所有树种都存在伤害。

在珠海横琴红树林湿地公园，我们在绿化带发现了大量薇甘菊的踪影（如图14、图15所示）。

图14 薇甘菊攀缘在灌木植物上

图15 薇甘菊花小而密集

薇甘菊的防治措施：

生物防治方法：成本低，效果好，对环境无副作用。

推荐等级：五星。

1. 田野菟丝子

利用田野菟丝子控制薇甘菊危害，田野菟丝子能寄生并致死薇甘菊，使薇甘菊的覆盖度由75%～95%降低至18%～25%（如图16所示）。

图16 田野菟丝子

2. 紫红短须螨

通过接种紫红短须螨的虫卵，经过3个月后，可使薇甘菊的藤叶成片黄化卷曲。6个月后，薇甘菊的茎叶黄化，边缘不整齐，横向较窄，随着时间的推移，薇甘菊逐渐枯死（如图17所示）。

图17　紫红短须螨

物理防治方法：人工除草方法处理（如图18所示）。成本高，效果快，对环境无副作用。

薇甘菊大面积发生时，工作开展困难。

推荐等级：四星。

图18　人工除草方法处理

化学防治方法：用化学药品除莠剂"草坝王"、森草净等。成本高，易操作，成效快，但对环境、人、畜有副作用（如图19、图20所示）。

图19　化学药品除莠剂

图20　薇甘菊防治区

推荐等级：三星。

四、五爪金龙研究

五爪金龙：开着漂亮的紫色喇叭花，我们容易认作人工栽种的观赏植物。

在北师大珠海分校校园旁边的一块空地上，我们发现了这种已高高攀上去的植物，叶子密密麻麻。我们采摘了一些枝叶和花朵制成标本（如图21至图23所示）。

图21　五爪金龙

图22　采集标本

图23　收集标本

五爪金龙的危害及防治：

入侵植物，在华南地区广泛蔓延，覆盖小乔木、灌木和草本植物，成为园林中的一种害草。

化学防治方法：用除草剂灭除。10%草甘膦水剂1000～1500ml，兑水30～40kg，均匀喷施到叶片和嫩茎上。

花冠紫红色、紫色或淡红色，偶有白色，漏斗状

叶片掌状，裂片卵状披针形、卵形或椭圆形

图24　五爪金龙花

分布地点：分布于我国台湾、福建、广东及其沿海岛屿、广西、云南。生于海拔90～610米的平地或山地路边灌丛，生长于向阳处。

五、我们的收获和感受

（1）学会识别薇甘菊和五爪金龙，了解它们的危害。在我们眼中，或许这些只是小草，非常不起眼。可是，它们的威胁如此巨大。这些植物缠绕在树干上，覆盖整棵大树，使大树无法进行光合作用，最后死亡（如图25所示）。

图25　认识薇甘菊和五爪金龙

（2）保护环境，用科学方式除去外来物种入侵所带来的危害刻不容缓！用化学防治方法虽然快，但对环境及其他动植物有一定危害。最好的方法是生物防治方法。

（3）实地考察，让我们大开眼界，增强亲身体验。

（4）感谢老师带领我们制作植物标本。

我们用时近一个月，小组成员坚持定期给标本换纸。最后在老师指导下完成标本制作工作（在采摘标本时，如有花、果都要采上）（如图26至图29所示）。

图26 采摘标本

图27 压制标本

图28 制作标本（1）

图29 制作标本（2）

"红火蚁的危害与防治"深度学习报告

一、课题的产生

通过新闻媒体及学校的宣传教育，我们知道红火蚁是能够对人、畜造成严重伤害，极具破坏力的"外来物种入侵"生物之一。小小的红火蚁，为何会给人们的生产和生活带来那么大的灾害？哪一种整治和防范红火蚁的方案最佳？我们课题组成员对红火蚁开展了调查活动。

二、活动过程

1. 收集资料

主要从网络上查找，了解红火蚁的相关资料。

2. 实地考察

第一步：在老师和松茂虫控专业公司人员带领下前往北理工珠海学院开展研学活动。

第二步：找到红火蚁的巢穴，观察红火蚁的运动及取食、社群行为，用手机拍摄和记录。

第三步：观察虫控公司人员配制药水，杀灭红火蚁。

第四步：取小部分红火蚁巢穴及死亡的红火蚁，做成标本带回保存。

3. 整理资料

汇总网上收集的资料，结合我们考察的资料做成PPT文件和撰写小课题调查报告。

4. 成果分享及展示

（略）

三、红火蚁情况介绍

（一）红火蚁基本情况

红火蚁：膜翅目，蚁科，切叶蚁亚科，火蚁属，拉丁文意为"无敌"。分布广泛，在我国，红火蚁是从南美洲而来的入侵生物。

红火蚁属于社会性昆虫，有多个品级，分为有生殖能力的雌蚁、雄蚁和工蚁（发育不全无生殖能力的雌蚁）（如图1所示）。

红火蚁小型工蚁　　　　红火蚁雄蚁　　　　大型工蚁（兵蚁）

红火蚁生殖型雌蚁（有翅雌蚁、蚁后）

图1　红火蚁

传播方式：

（1）自然扩散，主要是生殖蚁飞行或随洪水流动扩散。

（2）人为传播，主要因园艺植物、草皮、土壤废土移动、堆肥、空货柜、车辆等运输工具污染，通过长距离运输传播。

红火蚁在农田、荒地、绿化带、路边、果园、公园、堤坝等地发生，蚁丘高10～30cm，直径30～50cm（如图2所示）。

内部结构呈蜂窝状。巢穴形状及结构特点可作为识别红火蚁特征之一（如图3所示）。

图2　蚁丘

图3　红火蚁蚁穴内部结构

（二）红火蚁带来的危害

对人体的伤害：

红火蚁对人有攻击性和重复蜇刺能力。对人体连续叮蜇多次，每次叮蜇时都会从毒囊中释放毒液。人体被红火蚁叮蜇后会有如火灼伤般的疼痛感，其后会出现如灼伤般的水泡。如水泡或脓包破掉，不注意清洁时易引起细菌感染。少数人对毒液中的毒蛋白过敏，会产生过敏性休克，有死亡危险（如图4、图5所示）。

图4　人体被红火蚁叮蜇后（1）

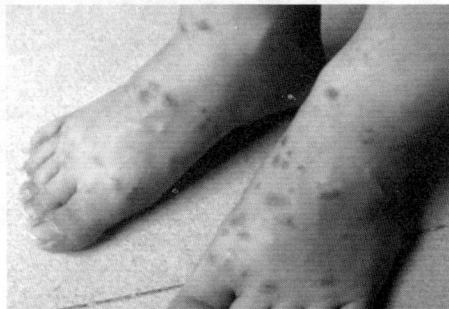

图5　人体被红火蚁叮蜇后（2）

其他危害：

红火蚁给被入侵地带来严重的生态灾难，是生物多样性保护和农业生产的大敌。

（1）红火蚁取食多种作物的种子、根部、果实等，造成产量下降（如图6所示）。

（2）它破坏灌溉系统，侵袭牲畜，造成农业上的损失。

（3）红火蚁对野生动物也有严重的影响。它可攻击海龟、蜥蜴、鸟类等的卵，对小型哺乳动物的密度和无脊椎动物、脊椎动物群落都有负面影响（如图7所示）。

（4）有研究表明，在红火蚁建立蚁群的地区，蚂蚁的多样性较低。

图6 红火蚁取食的植物

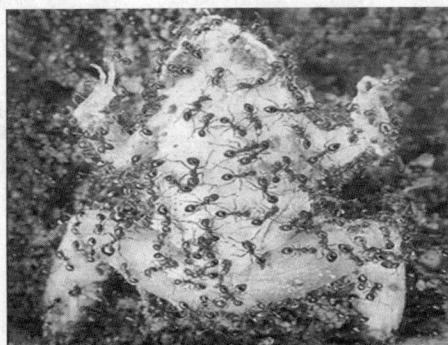

图7 红火蚁取食的动物

四、我们的研学过程

（一）活动过程

研学活动地点：珠海唐家北理工学院校园。学院与松茂公司建立长期合作关系，一旦发现疫情，学校便会联系松茂公司开展消杀工作（如图8、图9所示）。

图8 小组成员与老师合影

图9 和松茂公司技术人员合影

在路边小灌木丛里，我们找到两处红火蚁蚁穴，只见零散的红火蚁在蚁穴周围活动。当师傅用铁棒捣开蚁窝，顿时大量的红火蚁涌出，就像小股激流般迅速向外扩散。师傅介绍说，红火蚁的扩散范围可达1米（如图10、图11所示）。我们将一小块饼干放在蚁窝旁，不久就看到蚁族成员们一起搬运这块"最后的晚餐"（如图12所示）。

图10　在小灌木下的蚁穴　　　图11　红火蚁四散速度极快　　　图12　红火蚁合作取食

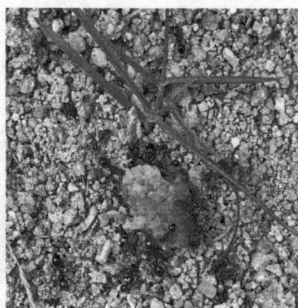

活动过程中，一只红火蚁悄悄爬上同学的手背，为安全起见，工作人员给他抹上药膏（如图13、图14所示）。

图13　同学被红火蚁咬伤了手背　　　　　　　图14　药膏

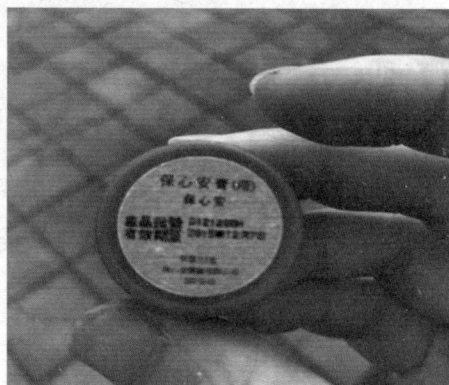

如果被红火蚁蜇到，会发生局部红肿并伴随疼痛，之后会起非常痒的脓包。要忍耐不能把脓包抓破，一旦抓破则易转变为蜂窝组织炎及败血症。正确的方法是用水冲洗和冰敷。

被红火蚁叮咬一个月后基本可痊愈。使用正确的治疗方法，可以避免红火蚁叮咬后带来的二次伤害（如图15所示）。

观看完工作人员药物灭蚁后，组员们采集了一些死亡的红火蚁做标本（如图16所示）。

组员们观察虫控公司提供的白蚁标本（如图17所示）。

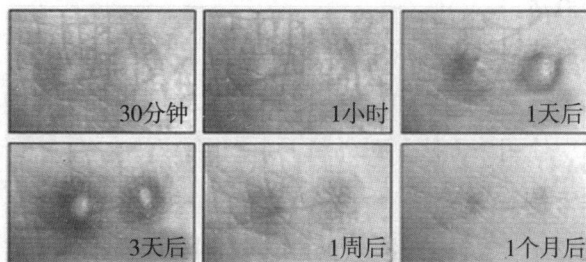

图15 被红火蚁叮咬后

图16 采集已死亡的红火蚁做标本

图17 观察白蚁标本

（二）红火蚁防治方法

红火蚁的防治方法可以分为以下几种。

1. 生物防治方法

红火蚁的克星是蚤蝇（phoridfly）（如图18所示），可以通过寄生方式消灭红火蚁。蚤蝇可将卵产在工蚁体内，蚤蝇幼虫蚕食工蚁各器官导致其死亡。

图18 蚤蝇

建议：成本低，效果好，对环境无副作用。建议多采用。

2. 物理防治方法

用沸水和水淹法对红火蚁蚁巢进行控制。

建议：成本高，小面积蚁穴可行，大面积难度较大。对单个蚁巢效果可行，且要重复多次使用该方法。对环境无副作用。

3. 化学防治方法

我们观看了工作人员用药物杀灭红火蚁的全过程。师傅告诉我们：在严重危害区域与中度危害区域以灌药或粉剂、粒剂直接处理可见的蚁丘。此防治方法的优点是：能够有效地防除98%以上的蚁丘。但缺点是仅能防治可见的蚁丘，而许多新建立的蚁巢是不会产生明显的蚁丘的，往往会造成处理上的疏漏（如图19、图20所示）。每个蚁巢需要加入5~10升的药剂才有效果。

图19　工作人员配制灭蚁药

图20　杀灭红火蚁

建议：成本较高，但见效快，杀灭效果好。副作用是对土壤环境等有一定影响。

参考文献

[1] 包菊花.浅谈生物课堂教学中的空白艺术 [J].才智，2009（27）.

[2] 李业学."留白"教学艺术的研究综述 [J].科技创新导报，2010（3）.

[3] 刘学兰.中学生心理健康教育 [M].广州：暨南大学出版社，2011.

[4] 胡德秀.关于德育工作与心理健康教育的思考 [J].师道（教研版），2010
（2）：10-11.

[5] 刘敏.分层小组合作在初中生物实验教学操作中的应用策略 [J].教学与管
理，2016（3）：130-132.

[6] 罗荣富.应用型本科院校学生职业素养培养路径探析 [J].新西部（理论
版），2016（9）：51—52.

[7] 庄晓蕙，刘庆欢，何雪萍，等.我国个性化作业研究：现状、问题与展
望——基于读秀学术搜索数据库与中国知网期刊全文数据库的数据分析
[J].教育学术月刊，2014（10）：104-111.

[8] 张改玲，张玉坤.以"核心素养"立意的初中生物学命题策略 [J].生物学
教学，2018（3）：49-51.

[9] 中华人民共和国教育部.义务教育生物学课程标准 [M].北京：北京师范
大学出版社，2017.

[10] 郭琪琦.基于核心素养的中学生物实验创新趋势 [J].中学生物教学，
2017（7）：11-13.

[11] 刘建华，杨祖芳.在生物实验说课活动中创新实验教学 [J].实验教学与
仪器，2017（5）：20-22.

[12] 张军林.基于核心素养的高中生物学实验改进和创新 [J].中学生物教
学，2018（3）：48-50.

[13] 吴加玲.核心素养视域下初中生物实验教学容易忽视的几个问题［J］.教育实践与研究，2018（11）：16-17.

[14] 汪忠，刘恩山.生物课程标准（实验稿）解读［M］.北京：北京师范大学出版社，2002.

[15] 尚德兰.中学生物教学地方课程资源的开发和利用研究阶段实验报告［EB/OL］.http：//wenku.baidu.com/view/f199515e312b3169a451a455.html，2010-12-29.

[16] 王月梅.生物学课程资源的开发和利用［EB/OL］.http：//blog.sina.com.cn/u/2621091521，2013-06-2.

[17] 刘满希，展红.给生物教师的101条建议［M］.南京：南京师范大学出版社，2005.

[18] 王俊林.指导初中生撰写实验小论文之初探［J］.中学生物教学，2015（11）：17-18.

[19] 周勇.国外自我监控学习理论综述［J］.教育研究与实验，1993（3）：49-53.

[20] 王涛.浅谈快乐教学在课堂中的运用［J］.学周刊，2011（10）：50.

[21] 中华人民共和国教育部.义务教育生物学课程标准（2011年版）［M］.北京：北京师范大学出版社，2012.

[22] 郝雪，王飞.初中生物学课堂教学中小组合作学习的实然分析与应然探讨［J］.中学生物教学，2015（3）：27-29.

[23] 杨玲.例谈科学探究中表现性评价的实施［J］.中学生物教学，2015（5）：32-33.

[24] 吴举宏.走出探究教学的困境——以中学生物学教学为例［J］.中学生物教学，2015（10）：4-6.

[25] 李重阳.谈初中生物教师的教学语言［J］.才智，2012（10）.

[26] 张青.关于初中生物教师培训内容和培训模式的探讨［J］.长春教学学院学报，2014（6）.

[27] 刘谦.试论初中生物教师的成长［J］.现代农村科技，2016（7）.

[28] 徐勇.生物学科核心素养培育探析［J］.中学教学参考，2016（20）：115.

[29] 朱永新.致教师［M］.武汉：长江文艺出版社，2016.

［30］乔凤天.2017中小学创客·STEM教育资源调研报告［M］.北京：科学出版社，2017.

［31］曾庆国.STEAM视野下初中生物教学的创新实践和反思——以"调查周边环境中的生物"为例［J］.中学生物学，2018（12）.

［32］核心素养研究课题组.中国学生发展核心素养［J］.中国教育学刊，2016（10）：1–3.

［33］周东岱，樊雅琴，于颖，等.基于STEAM教育理念的小学课程体系重构研究［J］.电化教育研究，2017（8）：105–110.

［34］Johnson，L.，Adam Becker，S.，Estrada，V.，Freeman，A..NMCHorizon Report：2015 K–12 Edition[R]. Austin，Texas: The NewMedia Consortium，2015.

［35］Freeman，A.，Adams Becker，S.，Cummins，M.，Davis，A.，HallGiesinger，C..NMC Horizon Report：2017 K–12 Edition[R].Austin，Texas: The New Media Consortium，2017.

［36］中华人民共和国教育部.教育信息化"十三五"规划［EB/OL］.2017–06–07.

［37］谷歌教育.教室的未来：全球K12教育的新趋势［EB/OL］.http：//www.360doc.com/content/19/1018/07/43535834—867550001. shtml，2019–10–08.